Às pessoas que permaneceram ao meu lado quando as luzes se apagaram e as sombras pareciam imensas, minha eterna gratidão e carinho. Vocês foram a chama que iluminou o caminho, a força que me sustentou. Este livro é para vocês, que me ensinaram que, mesmo nas horas mais escuras, o apoio e o amor verdadeiro sempre brilham intensamente. Obrigado por serem a minha luz.

O Autor

André Aguiar é especialista em marketing de relacionamento e branding, com mais de uma década de experiência ajudando empresas a criar marcas que geram conexões emocionais genuínas com os consumidores. Fundador da mídia de conhecimentos A2 Digital Hub e da agência DMX Web Marketing, André é apaixonado por storytelling e acredita no poder dos arquétipos para transformar marcas comuns em ícones duradouros. Seu trabalho é voltado para quem busca estratégias práticas e inovadoras para se destacar no mercado.

A Obra

Arquétipos que Conectam é um guia essencial para quem deseja compreender e aplicar os arquétipos no marketing de sua empresa. Com uma abordagem acessível e didática, André Aguiar explora como grandes marcas utilizam arquétipos para criar narrativas poderosas que ressoam emocionalmente com o público. O livro vai além da teoria, oferecendo exemplos práticos e estratégias que qualquer negócio pode adotar para construir uma marca forte, autêntica e memorável.

A Capa

A capa foi criada pela talentosa Vitória Nascimento da Silva, artista visual que transforma conceitos complexos em imagens marcantes. Sua arte captura a essência dos arquétipos, com elementos visuais que evocam emoção e conexão profunda. Com um estilo que une simplicidade e sofisticação, Vitória traduziu de forma visual o poder dos arquétipos, fazendo da capa uma extensão perfeita da proposta da obra.

SUMÁRIO

Prólogo... 5

O que São Arquétipos?... 7

Como os Arquétipos Afetam a Mente Humana...................... 13

Arquétipos no Branding da Sua Empresa............................... 20

Como Identificar o Arquétipo de Sua Empresa?.....................28

O Arquétipo na Construção da Marca.................................... 39

Tom de Voz: Comunicando a Personalidade da Marca.......... 47

Seleção de Conteúdos: Contando a História do Arquétipo.... 54

Seleção de Imagens: Reforçando o Arquétipo Visualmente... 60

Arquétipos e a Influência no Share of Mind das Marcas........ 67

Estudo de Caso: Nike e Michael Jordan................................. 79

Estudo de Caso: Coca-Cola e o Natal — A Magia do Inocente.........87

Uso de Arquétipos no Marketing da Sua Empresa.................95

Vantagens Competitivas do Uso dos Arquétipos................... 103

Aspectos Éticos...109

A História do Uso dos Arquétipos no Brasil........................... 115

E agora ?...122

Prólogo

Já se perguntou por que algumas marcas parecem ter um lugar especial em nossos corações, enquanto outras desaparecem na multidão? Pense em como você se sente ao ver o logotipo da Nike, ouvir o clássico jingle da Coca-Cola, ou até mesmo pensar na irreverência da M&M's. Essas marcas não são apenas produtos ou empresas; elas se tornaram ícones culturais, presentes no imaginário coletivo e, mais importante, nas nossas memórias afetivas.

Foi essa pergunta que me motivou a explorar o mundo dos arquétipos e a escrever este livro. Porque, afinal, o que diferencia uma marca inesquecível de uma que cai no esquecimento? A resposta está nos arquétipos — esses modelos universais de comportamento e personalidade que vivem dentro de todos nós. São eles que guiam nossas escolhas, nossas paixões e nossas lealdades, mesmo que inconscientemente.

Ao longo da minha jornada, descobri que os arquétipos são a chave para entender por que certas marcas nos conquistam e permanecem conosco ao longo do tempo. Eles são como personagens de uma grande história que a marca está contando — e, quando bem escolhidos e aplicados, podem transformar uma simples empresa em uma verdadeira lenda.

Neste livro, quero compartilhar com você como o poder dos arquétipos pode ser utilizado para criar uma marca que não apenas vende, mas que também encanta, inspira e cria laços emocionais profundos com seu público. Vamos mergulhar em casos reais de sucesso, explorar diferentes arquétipos e descobrir como você pode aplicar esses conceitos no marketing da sua própria empresa.

Mas este livro não é apenas sobre teoria — é sobre prática. Você encontrará um passo a passo para identificar o arquétipo que melhor representa a sua marca, além de estratégias concretas para aplicá-lo em todas as áreas do seu marketing. Queremos que você termine esta leitura com ideias claras e prontas para serem colocadas em ação.

Então, se você está pronto para transformar sua marca em algo verdadeiramente memorável, para criar uma história que ressoe no coração dos seus consumidores, eu o convido a virar a página e embarcar nesta jornada comigo. Porque, no final das contas, o marketing é, e sempre será, sobre as histórias que escolhemos contar — e as emoções que somos capazes de despertar.

O que São Arquétipos?

Você já parou para pensar por que certas histórias e personagens parecem ressoar tão profundamente dentro de nós? Isso acontece porque, ao longo dos séculos, alguns padrões de comportamento e símbolos foram se repetindo em diversas culturas, criando uma base comum no inconsciente coletivo da humanidade. Esses padrões, conhecidos como arquétipos, são universais e se manifestam em mitos, lendas, contos e até no marketing contemporâneo.

A Origem dos Arquétipos

Os arquétipos são conceitos que remontam à antiguidade, presentes nas tradições orais e mitológicas de praticamente todas as culturas. Eles representam as forças primordiais que moldam a experiência humana e aparecem de forma recorrente na arte, na literatura e nas religiões. Porém, foi o psiquiatra suíço Carl Gustav Jung quem trouxe à luz o conceito de arquétipos como os conhecemos hoje.

Jung observou que, independente de cultura ou época, certos símbolos e narrativas surgiam repetidamente, sugerindo que todos compartilhamos um inconsciente coletivo — uma parte da nossa psique onde essas imagens e padrões estão armazenados. Jung identificou vários desses arquétipos, mas ao longo do tempo, os estudiosos e praticantes de diversas áreas, como o marketing, organizaram esses padrões em categorias que se mostram extremamente úteis para entender o comportamento humano e, claro, para aplicá-los estrategicamente no mundo dos negócios.

Os 12 Arquétipos Universais

No mundo do marketing, os arquétipos ajudam a criar marcas que têm "alma", ou seja, personalidades que ressoam emocionalmente com o público. Aqui, vamos explorar os 12 arquétipos principais, suas características e como podem ser aplicados no contexto de uma marca.

1. **O Inocente**

    O Inocente representa a pureza, o otimismo e a simplicidade. Marcas com esse arquétipo geralmente promovem uma visão positiva do mundo, como a Coca-Cola, que se associa à ideia de felicidade e celebração da vida.

2. **O Explorador**

    Aventureiro e inquieto, o Explorador busca a liberdade e a descoberta. Marcas como a Jeep se encaixam nesse arquétipo, incentivando seus consumidores a explorarem o mundo e a saírem da rotina.

3. **O Sábio**

   Associado à sabedoria, conhecimento e verdade, o Sábio busca iluminar o mundo com a verdade. A BBC, por exemplo, é uma marca que encarna o arquétipo do Sábio, oferecendo informações e educação de maneira confiável.

4. **O Herói**

   O Herói é corajoso, determinado e sempre em busca de melhorar o mundo. Marcas como a Nike se posicionam como Heróis, encorajando seus consumidores a superarem seus próprios limites.

5. **O Fora da Lei**

   Rebelde e desafiador, o Fora da Lei é aquele que quebra as regras e desafia o status quo. Harley-Davidson é um exemplo clássico, representando a liberdade individual e o espírito indomável.

6. **O Mago**

   O Mago transforma o mundo através da visão e da inovação. Marcas como a Apple utilizam este arquétipo para representar inovação tecnológica que muda a maneira como vivemos.

7. **O Cara Comum**

   Esse arquétipo personifica a normalidade, a acessibilidade e a humildade. Marcas como a IKEA se posicionam como "caras comuns", oferecendo produtos acessíveis para o dia a dia de qualquer pessoa.

8. **O Amante**

   O Amante é apaixonado, sensual e comprometido com a beleza e o prazer. Marcas como a Chanel encarnam este arquétipo, oferecendo produtos que destacam a elegância e o desejo.

9. **O Bobo da Corte**

   Alegre e irreverente, o Bobo da Corte adora se divertir e fazer os outros rirem. Marcas como a M&M's usam esse arquétipo para criar uma conexão divertida e descontraída com seu público.

10. **O Criador**

    O Criador é o arquétipo da inovação e da originalidade, sempre em busca de criar algo novo. Lego é um exemplo clássico, estimulando a criatividade das crianças e adultos.

11. **O Governante**

    Autoridade, controle e responsabilidade definem o Governante. Marcas como a Mercedes-Benz transmitem esse arquétipo através de sua imagem de luxo e liderança no mercado.

12. **O Prestativo**

    O Prestativo é o arquétipo da compaixão e da generosidade, buscando sempre ajudar o próximo. Marcas como a Johnson & Johnson exemplificam esse arquétipo ao focar no cuidado e na saúde das famílias.

Esses arquétipos não são limitados apenas a uma forma estática de representar uma marca. Eles podem ser combinados, adaptados e evoluídos, conforme a necessidade de comunicação e posicionamento da marca no mercado. O mais importante é que eles criam uma narrativa emocional que conecta a marca ao seu público de maneira profunda e duradoura.

A Contribuição de Clotilde Perez

No contexto brasileiro, a professora Clotilde Perez tem se destacado na aplicação dos arquétipos ao marketing. Ela desenvolveu estudos que aprofundam a relação entre os arquétipos e a construção de marcas, mostrando como essas figuras simbólicas podem ser usadas para criar identidades de marca mais fortes e coerentes.

Perez argumenta que, ao usar arquétipos, as marcas podem se conectar mais profundamente com as emoções e aspirações do seu público-alvo. Além disso, ela enfatiza que o uso consciente dos arquétipos pode ajudar as empresas a manter a consistência em sua comunicação, fortalecer o relacionamento com o consumidor e diferenciar-se em um mercado competitivo.

Ao entender e aplicar os arquétipos de maneira estratégica, as marcas não apenas vendem produtos ou serviços, mas constroem um legado, uma história que vai além do material e entra no reino do simbólico, onde residem as verdadeiras conexões humanas.

Os arquétipos são ferramentas poderosas que permitem às marcas se conectarem com as profundezas do inconsciente coletivo. Desde os tempos antigos até os dias de hoje, esses padrões continuam a influenciar a maneira como percebemos o mundo e as histórias que contamos. No marketing, a utilização consciente desses arquétipos, como demonstrado pela professora Clotilde Perez, pode transformar uma marca em uma lenda, criando laços emocionais duradouros com seus consumidores.

Como os Arquétipos Afetam a Mente Humana

Quando falamos de arquétipos, estamos lidando com símbolos e padrões que têm o poder de ressoar profundamente na mente humana. Esses padrões não apenas ajudam a dar sentido ao mundo ao nosso redor, mas também desempenham um papel crucial na forma como percebemos, classificamos e nos relacionamos com as pessoas e as marcas. Neste capítulo, vamos explorar como a mente humana classifica as pessoas de acordo com arquétipos e como esses arquétipos impactam o cérebro, moldando nossas emoções, comportamentos e decisões.

A Mente Humana e a Classificação dos Arquétipos

Desde os tempos primitivos, os seres humanos desenvolveram a capacidade de categorizar o mundo ao seu redor como uma maneira de sobreviver e prosperar. Essa habilidade de classificação é essencial para a tomada de decisões rápidas e eficazes, e continua a desempenhar um papel fundamental em nossas vidas cotidianas. Os arquétipos, como representações simbólicas de padrões universais de comportamento e personalidade, fornecem uma estrutura que a mente humana utiliza para categorizar outras pessoas, eventos e até mesmo marcas.

Os arquétipos servem como "atalhos cognitivos" que nos ajudam a entender e prever o comportamento das pessoas ao nosso redor. Quando encontramos alguém ou alguma coisa pela primeira vez, nosso cérebro imediatamente busca por sinais que possam nos indicar a qual arquétipo essa pessoa ou objeto pertence. Esses sinais podem incluir aparência, comportamento, tom de voz, linguagem corporal e até mesmo associações culturais.

Por exemplo, quando alguém apresenta um comportamento corajoso e determinado, é provável que a classifiquemos no arquétipo do Herói. Por outro lado, uma pessoa que adota uma abordagem tranquila e afável pode ser vista como um exemplo do arquétipo do Prestativo. Essa categorização não é um processo consciente; ela ocorre rapidamente no nível subconsciente, moldando nossa percepção e influenciando como interagimos com essa pessoa.

Como os Arquétipos Influênciam o Cérebro Humano

O impacto dos arquétipos no cérebro humano é profundo e multifacetado. Eles influenciam não apenas a forma como percebemos o mundo, mas também como sentimos e reagimos a ele. Abaixo, vamos explorar algumas das maneiras principais pelas quais os arquétipos afetam o cérebro.

1. **Ativação Emocional**

Os arquétipos são carregados de emoção. Cada arquétipo evoca um conjunto específico de sentimentos e associações emocionais, que são ativados sempre que encontramos algo ou alguém que corresponde a esse arquétipo. Por exemplo, o arquétipo do Amante está associado ao desejo, à paixão e à sensualidade. Quando uma marca ou uma pessoa se alinha com esse arquétipo, ela pode ativar essas emoções no público, criando uma conexão poderosa e memorável.

A pesquisa em neurociência mostrou que as emoções desempenham um papel crucial na tomada de decisões. As decisões emocionais geralmente são tomadas mais rapidamente do que as decisões racionais, e tendem a ser mais duradouras. Isso significa que, ao ativar emoções específicas através de arquétipos, as marcas podem influenciar as escolhas dos consumidores de maneira significativa e duradoura.

2. **Facilitação da Memorização**

O cérebro humano adora padrões e narrativas. Quando algo se encaixa em um padrão familiar ou conta uma história reconhecível, é muito mais fácil para o cérebro processar e lembrar essa informação. Os arquétipos fornecem esses padrões e histórias familiares, tornando mais fácil para as pessoas memorizarem e se lembrarem de informações associadas a eles.

Por exemplo, se uma marca se posiciona consistentemente como o Herói, enfrentando desafios e superando obstáculos, os consumidores são mais propensos a lembrar dessa marca como uma que representa força, coragem e superação. Isso ocorre porque o cérebro já possui uma "rede de memória" associada ao arquétipo do Herói, e as novas informações podem ser facilmente incorporadas a essa rede.

3. **Influência no Comportamento**

Além de evocar emoções e facilitar a memorização, os arquétipos também influenciam o comportamento humano. Quando somos expostos a um arquétipo específico, podemos nos sentir inclinados a adotar comportamentos que correspondam a esse arquétipo. Isso é especialmente relevante no marketing, onde as marcas que adotam certos arquétipos podem influenciar o comportamento de compra dos consumidores.

Por exemplo, uma marca que adota o arquétipo do Explorador pode inspirar seus consumidores a buscar novas experiências, viajar para novos lugares ou experimentar produtos diferentes. Da mesma forma, uma marca que incorpora o arquétipo do Governante pode incentivar seus consumidores a buscar status, controle e poder em suas escolhas de compra.

Essa influência comportamental é possível porque os arquétipos tocam em desejos e motivações profundas, muitas vezes inconscientes, que guiam nossas ações. Quando uma marca ou uma pessoa se alinha com um arquétipo que ressoa com essas motivações, ela pode influenciar o comportamento de maneiras sutis, mas poderosas.

4. **Fortalecimento da Identidade Pessoal**

Os arquétipos não são apenas ferramentas para entender os outros; eles também desempenham um papel importante na forma como entendemos a nós mesmos. Através da identificação com certos arquétipos, as pessoas constroem e fortalecem suas próprias identidades.

Por exemplo, uma pessoa que se identifica com o arquétipo do Criador pode buscar expressar sua criatividade através de hobbies, carreira ou escolhas de consumo. Essa identificação não só ajuda a moldar o comportamento, mas também proporciona um senso de propósito e significado, fortalecendo a autoestima e a autopercepção.

No marketing, as marcas que conseguem se alinhar com os arquétipos que seus consumidores desejam incorporar podem criar uma conexão emocional ainda mais forte. Quando os consumidores veem uma marca como uma extensão de sua própria identidade, eles são mais propensos a se tornarem leais a essa marca e a recomendá-la a outros.

5. **Criação de Conexões Sociais**

Os arquétipos também facilitam a criação de conexões sociais. Como são padrões universais, eles fornecem uma base comum para que as pessoas se relacionem e se compreendam mutuamente. Quando duas pessoas compartilham uma identificação com o mesmo arquétipo, há uma maior probabilidade de que elas se sintam conectadas e compreendidas.

Por exemplo, duas pessoas que se identificam com o arquétipo do Explorador podem se conectar rapidamente ao compartilhar histórias de viagem ou aventuras. Essa conexão social pode ser particularmente poderosa no contexto das comunidades de marca, onde os consumidores se unem em torno de uma marca que encarna um arquétipo que eles compartilham.

As marcas que entendem esse poder dos arquétipos podem usar essa compreensão para criar comunidades de consumidores leais e engajados. Essas comunidades não apenas fortalecem a conexão emocional entre a marca e seus consumidores, mas também promovem o boca a boca positivo e a lealdade de longo prazo.

Os arquétipos desempenham um papel essencial na forma como a mente humana classifica, percebe e interage com o mundo ao seu redor. Eles são mais do que simples categorias ou estereótipos; são poderosas ferramentas psicológicas que moldam nossas emoções, memórias, comportamentos e identidades. No marketing, a utilização consciente dos arquétipos pode ajudar as marcas a criar conexões profundas e duradouras com seus consumidores, influenciando suas decisões de compra e fortalecendo sua lealdade.

Ao explorar como os arquétipos afetam o cérebro humano, fica claro que esses padrões universais têm o poder de transcender o tempo e a cultura, tocando em aspectos fundamentais da experiência humana. No próximo capítulo, continuaremos a explorar como as marcas podem utilizar os arquétipos de forma estratégica para construir identidades fortes e conquistar a preferência dos consumidores. Vamos seguir juntos nessa jornada de descoberta e aplicação dos arquétipos no mundo do marketing!

Arquétipos no Branding da Sua Empresa

Atualmente, onde o mercado é altamente competitivo e as opções para os consumidores parecem infinitas, as empresas precisam encontrar maneiras eficazes de se destacar e construir uma conexão emocional duradoura com seu público-alvo. É aqui que entra o conceito de branding, uma ferramenta poderosa para criar uma identidade única e memorável para a sua empresa. Neste capítulo, vamos explorar o que é branding, porque ele é essencial para o sucesso das empresas, e como o uso dos arquétipos torna o branding ainda mais eficaz.

O Que é Branding?

Branding é o processo de construção e gerenciamento da identidade de uma marca. Vai muito além de um logotipo ou um nome atraente; envolve todas as interações que um consumidor tem com uma marca e a percepção que ele desenvolve ao longo do tempo. Em essência, branding é a arte e a ciência de moldar a imagem e a reputação da sua empresa na mente dos consumidores.

O objetivo do branding é criar uma identidade forte e coesa que ressoe com o público-alvo e comunique claramente o valor que a marca oferece. Um bom trabalho de branding consegue diferenciar uma empresa de seus concorrentes, criar lealdade entre os clientes e, eventualmente, aumentar o valor da marca, tornando-a um ativo valioso.

O branding não é algo estático; ele evolui com o tempo, à medida que a empresa cresce, os mercados mudam e as expectativas dos consumidores se transformam. Portanto, o branding deve ser gerido de forma contínua, com atenção cuidadosa às mudanças no ambiente de negócios e no comportamento do consumidor.

A Importância do Branding para as Empresas

O branding é crucial para qualquer empresa, independentemente de seu tamanho ou setor de atuação. Uma marca bem definida e consistente traz inúmeros benefícios que podem impulsionar o sucesso de uma empresa a longo prazo.

1. **Diferenciação no Mercado** Em um mercado saturado, onde os produtos e serviços muitas vezes se parecem entre si, o branding é a chave para a diferenciação. Ele permite que sua empresa se destaque ao comunicar de forma clara e consistente, o que a torna única. Sem um branding forte, sua empresa arrisca ser vista como apenas mais uma entre muitas, o que pode resultar em perda de mercado e dificuldade para atrair e reter clientes.

2. **Construção de Lealdade** Quando os consumidores se identificam com uma marca, eles não só compram seus produtos ou serviços, mas também desenvolvem uma lealdade que pode durar por anos. O branding eficaz cria uma conexão emocional com os consumidores, fazendo com que eles escolham sua marca repetidamente, mesmo diante de alternativas aparentemente similares.
3. **Aumento do Valor Percebido** O branding ajuda a aumentar o valor percebido de seus produtos ou serviços. Uma marca forte é capaz de justificar preços mais altos, pois os consumidores tendem a associar marcas bem estabelecidas com maior qualidade, confiabilidade e prestígio. Isso não só melhora as margens de lucro, mas também ajuda a construir um posicionamento premium no mercado.
4. **Facilidade na Expansão de Mercado** Um branding eficaz torna mais fácil para uma empresa expandir sua linha de produtos ou serviços. Quando os consumidores já conhecem e confiam em sua marca, eles estão mais propensos a experimentar novos produtos lançados por sua empresa. Isso pode reduzir os custos de marketing e acelerar a adoção de novos produtos.

5. **Resiliência em Tempos de Crise** Marcas fortes tendem a ser mais resilientes durante crises econômicas ou desafios de mercado. Consumidores leais estão mais propensos a continuar comprando de marcas em que confiam, mesmo em tempos difíceis. Além disso, uma marca bem gerida pode recuperar mais rapidamente sua reputação após um incidente negativo.

Arquétipos e Branding: Uma Combinação Poderosa

Enquanto o branding define a identidade e a percepção de uma marca, os arquétipos ajudam a dar vida a essa identidade, criando uma narrativa emocional que ressoa profundamente com o público. Quando uma marca se identifica naturalmente com um dos 12 arquétipos, o branding se torna mais autêntico, coerente e eficaz.

Como vimos no capítulo anterior, os arquétipos são padrões universais de comportamento e personalidade que existem no inconsciente coletivo. Eles representam imagens e emoções que são familiares e reconfortantes para as pessoas, facilitando a conexão emocional. Aqui estão algumas razões pelas quais o uso de arquétipos pode tornar o branding da sua empresa mais eficaz:

1. **Facilita a Criação de Identidade de Marca** Os arquétipos fornecem um ponto de partida claro e estruturado para a criação da identidade de marca. Eles ajudam a definir a personalidade da marca, o tom de voz, e a forma como a marca deve se comunicar com o público. Por exemplo, uma marca que se alinha com o arquétipo do Herói deve adotar uma linguagem inspiradora, promover mensagens de superação e posicionar seus produtos como ferramentas para a conquista de grandes feitos.
2. **Estabelece Conexões Emocionais** As pessoas se conectam com histórias e personagens que refletem seus próprios valores, aspirações e medos. Quando uma marca adota um arquétipo específico, ela conta uma história que é imediatamente reconhecível e emocionalmente ressonante para o público. Isso cria uma conexão emocional forte e duradoura, que é essencial para a lealdade do cliente.
3. **Coerência na Comunicação** Uma das maiores dificuldades no branding é manter a consistência em todas as formas de comunicação. O uso de arquétipos ajuda a garantir que todas as interações com a marca — desde a publicidade até o atendimento ao cliente — sigam a mesma linha narrativa e transmitam a mesma personalidade. Essa coerência

fortalece a identidade da marca e facilita o reconhecimento por parte do público.

4. **Diferenciação no Mercado** Embora muitas marcas possam oferecer produtos ou serviços semelhantes, o arquétipo que uma marca adota pode diferenciá-la de seus concorrentes. Por exemplo, enquanto várias marcas de automóveis competem no mercado, a Jeep se diferencia ao adotar o arquétipo do Explorador, posicionando seus veículos como símbolos de aventura e liberdade. Isso cria uma identidade de marca única que se destaca no mercado.

5. **Inspira a Criação de Conteúdo** Arquétipos não apenas ajudam a moldar a identidade de marca, mas também fornecem uma fonte rica de inspiração para a criação de conteúdo. Campanhas publicitárias, posts em redes sociais, e até o design de embalagens podem ser inspirados pelo arquétipo da marca, criando uma narrativa coesa e envolvente que atrai o público.

6. **Aumenta a Relevância Cultural** Em um mundo onde as tendências culturais mudam rapidamente, as marcas precisam se manter relevantes para sobreviver. Os arquétipos, sendo universais e atemporais, permitem que as marcas se conectem com temas e valores que transcendem as mudanças culturais imediatas. Isso torna a marca mais

resiliente e capaz de se adaptar a novas realidades, sem perder sua essência.

Para ilustrar como os arquétipos podem ser poderosos no branding, trouxe alguns exemplos de marcas que adotaram arquétipos com grande sucesso:

- **Nike (Herói)**: A Nike adotou o arquétipo do Herói, inspirando consumidores a "Just Do It" e a superar seus próprios limites. Essa identificação clara com o Herói ajudou a Nike a construir uma marca que é sinônimo de desempenho, força e superação.
- **Coca-Cola (Inocente)**: A Coca-Cola utiliza o arquétipo do Inocente, promovendo uma visão otimista e alegre do mundo. Suas campanhas frequentemente focam em momentos de felicidade e celebração, associando a marca a sentimentos positivos e universais.
- **Harley-Davidson (Fora da Lei)**: Harley-Davidson adotou o arquétipo do Fora da Lei, personificando a liberdade e o espírito rebelde. Isso criou uma comunidade leal de consumidores que veem a marca como um símbolo de independência e individualidade.

O branding é fundamental para o sucesso de qualquer empresa, mas ele se torna ainda mais poderoso quando é construído sobre a base sólida de um arquétipo. Ao identificar e alinhar sua marca com um dos 12 arquétipos, você pode criar uma identidade de marca que é autêntica, emocionalmente ressonante e consistentemente comunicada. Isso não só diferencia sua empresa no mercado, mas também cria conexões emocionais profundas com seus clientes, levando a uma maior lealdade e sucesso a longo prazo.

Como Identificar o Arquétipo de Sua Empresa?

Agora que já exploramos o que são arquétipos e como eles podem ser usados para fortalecer o branding da sua empresa, é hora de dar o próximo passo: identificar qual arquétipo melhor representa a sua marca. Esse processo não é uma simples escolha baseada em preferências pessoais, mas sim uma decisão estratégica que deve considerar vários aspectos da sua empresa. Neste capítulo, vamos discutir os elementos que você deve avaliar para relacionar sua empresa a um dos arquétipos e as ferramentas que podem ajudar nessa seleção. Vamos também ilustrar com exemplos práticos para que você possa aplicar esses conceitos de forma eficaz.

Por Que é Importante Identificar o Arquétipo Certo?

Identificar o arquétipo certo para a sua empresa é fundamental porque ele vai moldar toda a estratégia de branding, incluindo a comunicação, o design, as campanhas publicitárias e até mesmo o desenvolvimento de novos produtos. Um arquétipo bem escolhido permite que sua marca ressoe com o público-alvo de maneira autêntica e consistente, criando uma conexão emocional duradoura. Quando a marca não se alinha adequadamente com um arquétipo, há uma desconexão que pode confundir os consumidores e enfraquecer a identidade da marca.

Elementos que Devem Ser Avaliados

Identificar o arquétipo da sua empresa requer uma análise cuidadosa de vários aspectos da sua marca. Vamos explorar alguns dos principais elementos que devem ser considerados:

1. **Propósito da Marca** O propósito da sua marca é o ponto de partida para identificar seu arquétipo. Pergunte-se: qual é a missão da minha empresa? O que ela pretende mudar ou melhorar no mundo? Marcas com um propósito claro e forte têm mais facilidade em se conectar com um arquétipo específico. Por exemplo, uma marca que visa inspirar as pessoas a superar desafios pode estar alinhada com o arquétipo do Herói.

2. **Valores e Crenças** Os valores e crenças da sua empresa são os princípios que guiam todas as suas decisões e ações. Eles estão diretamente ligados ao arquétipo, pois cada arquétipo carrega consigo um conjunto de valores específicos. Por exemplo, uma empresa que valoriza a inovação e a transformação pode estar ligada ao arquétipo do Mago, enquanto uma que se preocupa com a segurança e a ordem pode estar mais próxima do Governante.

3. **Personalidade da Marca** A personalidade da marca é o "jeito de ser" da sua empresa. Como a sua marca se expressa? Ela é mais séria e autoritária ou descontraída e divertida? A

personalidade da marca deve ser coerente com o arquétipo escolhido. Uma marca que adota o arquétipo do Bobo da Corte, por exemplo, deve ter uma personalidade leve, irreverente e bem-humorada.

4. **Público-Alvo** Entender quem é o seu público-alvo é essencial para escolher o arquétipo certo. Pense nas necessidades, desejos e aspirações do seu público. O arquétipo que você escolher deve ressoar com esses elementos. Se o seu público busca segurança e estabilidade, o arquétipo do Governante pode ser adequado. Se eles procuram aventura e liberdade, o Explorador pode ser a escolha certa.

5. **Histórico da Empresa** O histórico da sua empresa também pode fornecer pistas sobre qual arquétipo é o mais adequado. Considere como a sua empresa foi fundada, os desafios que enfrentou e as vitórias que alcançou. Essas histórias podem apontar para um arquétipo específico. Por exemplo, uma empresa que começou como um pequeno negócio enfrentando grandes desafios pode se identificar com o arquétipo do Herói.

6. **Setor de Atuação** O setor em que sua empresa opera pode influenciar a escolha do arquétipo. Alguns arquétipos são mais comuns ou mais eficazes em certos setores. Por exemplo, o arquétipo do Prestativo é frequentemente

utilizado em setores como saúde e educação, onde o cuidado e a compaixão são valorizados.

Ferramentas para Identificar o Arquétipo da Sua Empresa

Uma vez que você tenha avaliado os elementos mencionados acima, há várias ferramentas e métodos que podem ajudar a identificar o arquétipo mais adequado para a sua marca:

1. **Análise SWOT** A análise SWOT (Strengths, Weaknesses, Opportunities, Threats) é uma ferramenta clássica de planejamento estratégico que pode ser adaptada para identificar o arquétipo de sua marca. Ao analisar as forças e fraquezas internas da sua empresa, bem como as oportunidades e ameaças externas, você pode obter insights sobre qual arquétipo melhor se alinha com a sua marca. Por exemplo, uma empresa com forças relacionadas à inovação e oportunidades de liderar mudanças tecnológicas pode se identificar com o arquétipo do Mago.
2. **Questionários de Arquétipos** Existem questionários específicos que ajudam a determinar o arquétipo da sua marca. Esses questionários geralmente fazem uma série de perguntas sobre a personalidade, valores e propósito da sua marca, e depois fornecem uma recomendação baseada nas respostas. Eles são uma maneira rápida e eficaz de começar

a explorar qual arquétipo pode ser o mais adequado para a sua empresa.

3. **Workshops e Sessões de Brainstorming** Reunir sua equipe para workshops e sessões de brainstorming pode ser uma maneira eficaz de identificar o arquétipo da sua marca. Durante essas sessões, você pode discutir as características da sua marca, compartilhar histórias sobre a fundação e o crescimento da empresa, e explorar diferentes arquétipos. A colaboração em grupo pode trazer perspectivas diversas que ajudam a identificar o arquétipo que mais ressoa com a equipe e com o público-alvo.

4. **Consultoria Especializada** Se você tiver dificuldade em identificar o arquétipo da sua marca, considerar a ajuda de um consultor de branding pode ser uma boa ideia. Esses profissionais têm experiência em trabalhar com marcas para identificar seus arquétipos e desenvolver estratégias de branding coerentes e eficazes. Eles podem oferecer uma análise externa e imparcial que ajuda a clarificar a direção que sua marca deve tomar.

5. **Estudo de Casos e Benchmarking** Analisar como outras marcas em seu setor ou em setores relacionados utilizam arquétipos pode fornecer insights valiosos. Estude casos de sucesso e veja como marcas semelhantes à sua se

alinharam com certos arquétipos. Esse benchmarking pode ajudar a identificar o arquétipo que poderia funcionar bem para sua empresa e evitar erros comuns.

Exemplos Práticos

Para ilustrar como identificar o arquétipo certo para a sua marca, vamos considerar alguns exemplos:

- **Patagônia (Explorador)** A Patagônia, uma marca de roupas e equipamentos para atividades ao ar livre, se alinha fortemente com o arquétipo do Explorador. Desde o início, a empresa foi fundada com a missão de inspirar as pessoas a explorar e proteger o meio ambiente. Esse alinhamento com o Explorador se reflete em todas as suas comunicações, campanhas e até mesmo em suas práticas empresariais sustentáveis.
- **Dove (Prestativo)** A marca Dove é um excelente exemplo de uma empresa que se identifica com o arquétipo do Prestativo. A Dove tem como missão ajudar as mulheres a se sentirem confiantes e bonitas, independentemente de sua aparência. Suas campanhas, como "Real Beauty", focam na inclusão, no cuidado e na autoestima, reforçando consistentemente o arquétipo do Prestativo.

- **Red Bull (Herói)** A Red Bull adota o arquétipo do Herói, com foco em energia, superação e desempenho extremo. Suas campanhas publicitárias e patrocínios de eventos esportivos radicais reforçam essa identidade. A Red Bull não vende apenas uma bebida energética; ela vende a ideia de que, com sua ajuda, você pode realizar feitos extraordinários.

Briefing para Identificação de Arquétipo de Marca

Coletar informações detalhadas sobre a empresa, seus valores, missão, público-alvo e posicionamento de mercado para identificar o arquétipo que melhor representa a marca.

1. Informações Gerais da Empresa

- **Nome da Empresa**:
- **Data de Fundação**:
- **Setor de Atuação**:
- **Localização Principal**:
- **Principais Produtos/Serviços**:

2. Propósito e Missão da Marca

- **Qual é a missão da sua empresa?**
  Descreva a razão de ser da empresa, o que ela se propõe a fazer e por que existe.

- **Qual é a visão de futuro da sua empresa?**
  Como a empresa se vê no futuro e o impacto que deseja ter no mundo?
- **Quais são os principais objetivos da marca a curto, médio e longo prazo?**
  Especifique metas e aspirações da empresa.

3. Valores e Crenças da Marca

- **Quais são os valores centrais que guiam a empresa?**
  Liste de 3 a 5 valores principais (ex.: integridade, inovação, sustentabilidade).
- **Como esses valores são refletidos nas operações diárias e nas decisões estratégicas?**

4. Personalidade da Marca

- **Se sua marca fosse uma pessoa, como você a descreveria?**
  (ex.: amigável, séria, confiável, ousada)
- **Quais adjetivos você usaria para descrever a personalidade da marca?**
  Escolha palavras que representem o tom e o estilo da marca.

5. Público-Alvo

- **Quem é o público-alvo principal da sua marca?**
  Descreva idade, gênero, localização, interesses e necessidades dos clientes.

- **Quais são os maiores desejos e desafios do seu público-alvo?**
  Identifique os problemas que sua marca resolve para os clientes.

6. Posicionamento de Mercado

- **Como sua marca se diferencia dos concorrentes?**
  Quais são os diferenciais competitivos da marca?

- **Quais são as principais percepções que você deseja que o público tenha da sua marca?**
  (ex.: confiança, inovação, exclusividade)

7. Histórico e Cultura da Empresa

- **Quais são as principais histórias que moldaram a trajetória da empresa?**
  Destaque eventos ou momentos importantes na história da empresa.

- **Como a cultura interna reflete a identidade da marca?**
  Descreva o ambiente de trabalho e os valores compartilhados pelos colaboradores.

8. Comunicação e Expressão de Marca

- **Qual é o tom de voz utilizado nas comunicações da marca?**
  (ex.: formal, informal, inspirador, técnico)
- **Quais são os principais canais de comunicação da marca?**
  (ex.: redes sociais, website, e-mail marketing)
- **Existem elementos visuais ou símbolos que são fundamentais para a identidade da marca?**
  Descreva logotipo, cores, fontes e outros elementos visuais importantes.

9. Expectativas e Resultados Esperados

- **O que você espera alcançar ao identificar o arquétipo da sua marca?**
  Descreva os objetivos do processo de definição do arquétipo.
- **Quais são os resultados esperados em termos de posicionamento e percepção da marca?**

Este briefing será utilizado para guiar o processo de identificação do arquétipo da sua marca. As informações fornecidas serão analisadas para alinhar a estratégia de branding da empresa com o arquétipo que melhor representa sua essência e missão.

Identificar o arquétipo da sua empresa é um passo essencial para construir uma marca forte e autêntica que ressoe com o seu público-alvo. Ao considerar elementos como o propósito da marca, valores, personalidade, público-alvo e setor de atuação, você pode começar a entender qual arquétipo melhor representa a sua marca. Ferramentas como análise SWOT, questionários de arquétipos, workshops e consultoria especializada podem ajudar nesse processo.

Escolher o arquétipo certo não só facilita a criação de uma identidade de marca coesa e consistente, mas também ajuda a construir uma conexão emocional profunda com os consumidores, diferenciando sua marca no mercado. No próximo capítulo, exploraremos como implementar o arquétipo escolhido em todas as suas estratégias de marketing e comunicação para maximizar o impacto da sua marca. Vamos continuar essa jornada para transformar sua marca em um ícone reconhecido e valorizado!

O Arquétipo na Construção da Marca

Você já identificou o arquétipo da sua marca — um passo essencial para construir uma identidade forte e coerente. Mas a verdadeira magia acontece quando você aplica esse arquétipo de forma estratégica em todos os aspectos da construção da marca. Isso envolve escolhas cuidadosas sobre a paleta de cores, o tom de voz, a seleção de conteúdos e as imagens que você usa para comunicar sua marca de maneira consistente e eficaz. Cada um desses elementos desempenha um papel crucial na forma como a marca é percebida e na conexão emocional que ela estabelece com o público.

Neste capítulo, vamos explorar como aplicar o arquétipo da sua empresa em todos esses aspectos, com exemplos práticos que abrangem todos os 12 arquétipos principais.

Paleta de Cores: Expressando o Arquétipo Através das Cores

As cores têm um poder incrível de evocar emoções e influenciar percepções. Quando escolhidas corretamente, elas podem reforçar a identidade de uma marca e ajudar a comunicar o arquétipo de maneira visual e subliminar. Vamos explorar como cada arquétipo pode ser representado por uma paleta de cores específica:

1. O Inocente

O arquétipo do Inocente está associado à pureza, otimismo e simplicidade. As cores ideais para representar esse arquétipo incluem branco, tons pastel como rosa claro, azul bebê e amarelo suave. Essas cores transmitem uma sensação de tranquilidade, segurança e felicidade.

Exemplo Prático: Coca-Cola
A Coca-Cola frequentemente utiliza o vermelho em sua comunicação, uma cor vibrante que, no contexto da marca, é usada para evocar sentimentos de felicidade e celebração, alinhando-se ao arquétipo do Inocente. Além disso, o uso de branco nas embalagens e nas campanhas reforça a ideia de pureza e simplicidade.

2. O Explorador

O Explorador valoriza a liberdade e a aventura, sendo bem representado por cores naturais como verde, marrom, azul e laranja. Essas cores evocam paisagens ao ar livre, florestas, montanhas e o céu, reforçando o desejo de explorar e descobrir.

Exemplo Prático: Jeep

A Jeep utiliza uma paleta de cores que inclui verde escuro, marrom e preto, evocando a natureza e o terreno off-road, ideal para uma marca que se alinha com o arquétipo do Explorador. Essas cores transmitem robustez e uma ligação com o mundo natural.

3. O Sábio

O arquétipo do Sábio, associado ao conhecimento e à verdade, geralmente utiliza cores como azul profundo, cinza, preto e branco. O azul, em particular, simboliza a sabedoria e a calma, enquanto o preto e o cinza representam a seriedade e a autoridade.

Exemplo Prático: IBM

A IBM, conhecida como "Big Blue", utiliza predominantemente o azul em sua marca, refletindo a sabedoria, a confiança e a estabilidade. O azul profundo da IBM reforça sua posição como líder intelectual no campo da tecnologia e dos negócios.

4. O Herói

O Herói é corajoso, determinado e está sempre em busca de superar desafios. As cores vibrantes e energéticas, como vermelho, azul e dourado, são ideais para representar esse arquétipo. O vermelho, em particular, simboliza a paixão e a ação.

Exemplo Prático: Nike

A Nike utiliza uma paleta de cores que frequentemente inclui o preto e o branco, com toques de vermelho. O vermelho é usado para transmitir a energia e a determinação que estão no coração do arquétipo do Herói. O slogan "Just Do It" reflete essa energia, incentivando os consumidores a superar seus limites.

5. O Fora da Lei

Rebelde e desafiador, o Fora da Lei é bem representado por cores escuras e ousadas, como preto, vermelho e roxo. Essas cores transmitem mistério, poder e uma rejeição das normas convencionais.

Exemplo Prático: Harley-Davidson

Harley-Davidson utiliza predominantemente o preto, uma cor que simboliza rebeldia, força e liberdade. Essa escolha de cor reforça o espírito indomável e a individualidade que define o arquétipo do Fora da Lei.

6. O Mago

O arquétipo do Mago, associado à transformação e à inovação, utiliza cores que evocam mistério e mudança, como roxo, prata, preto e azul escuro. O roxo é especialmente eficaz para comunicar a criatividade e o poder transformador.

Exemplo Prático: Apple

A Apple, muitas vezes alinhada com o arquétipo do Mago, utiliza uma paleta de cores minimalista que inclui preto, branco e prata. Essas cores transmitem elegância e inovação, reforçando a capacidade da marca de transformar e reimaginar o mundo através da tecnologia.

7. O Cara Comum

O arquétipo do Cara Comum é acessível, honesto e autêntico, sendo bem representado por cores neutras e simples, como bege, marrom, azul claro e verde oliva. Essas cores transmitem uma sensação de conforto e confiabilidade.

Exemplo Prático: IKEA

A IKEA utiliza o azul e o amarelo em sua marca, cores que são amigáveis e acessíveis, refletindo a simplicidade e a praticidade do arquétipo do Cara Comum. A combinação de azul e amarelo também evoca sentimentos de confiança e otimismo.

8. O Amante

O arquétipo do Amante está associado à sensualidade, beleza e prazer. Cores ricas e luxuosas, como vermelho, rosa, dourado e roxo, são ideais para representar esse arquétipo, evocando paixão e sofisticação.

Exemplo Prático: Chanel
Chanel usa predominantemente preto e branco em sua comunicação, mas com toques de dourado e vermelho, que evocam luxo, elegância e paixão. Essas escolhas de cores reforçam a identidade da marca como uma que celebra a beleza e a sensualidade.

9. O Bobo da Corte

Alegre e irreverente, o Bobo da Corte é bem representado por cores vibrantes e contrastantes, como laranja, amarelo, vermelho e verde. Essas cores transmitem energia, diversão e uma abordagem despreocupada à vida.

Exemplo Prático: M&M's
M&M's utiliza uma paleta de cores vivas e variadas em suas embalagens e personagens, reforçando a diversão e a alegria que estão no centro do arquétipo do Bobo da Corte. As cores brilhantes

atraem tanto crianças quanto adultos, criando uma sensação de brincadeira.

10. O Criador

O Criador é inovador, original e está sempre buscando criar algo novo. Cores associadas à criatividade e à arte, como laranja, roxo, amarelo e verde, são ideais para esse arquétipo. Essas cores simbolizam a imaginação e o impulso para inovar.

Exemplo Prático: LEGO
LEGO utiliza uma paleta de cores primárias e brilhantes como vermelho, azul, amarelo e verde, que evocam criatividade e diversão. Essas cores simples e fortes incentivam a expressão artística e a inovação, características centrais do arquétipo do Criador.

11. O Governante

O Governante é associado ao poder, controle e responsabilidade. Cores que transmitem autoridade e sofisticação, como preto, dourado, roxo e azul escuro, são ideais para esse arquétipo. Essas cores reforçam a ideia de liderança e prestígio.

Exemplo Prático: Mercedes-Benz

Mercedes-Benz utiliza predominantemente o preto, prata e branco, cores que evocam luxo, poder e elegância. Essas cores refletem a autoridade e a exclusividade que são centrais ao arquétipo do Governante.

12. O Prestativo

O arquétipo do Prestativo, focado em compaixão e cuidado, é bem representado por cores suaves e acolhedoras, como azul claro, verde suave, rosa e branco. Essas cores transmitem uma sensação de segurança, conforto e apoio.

Exemplo Prático: Johnson & Johnson

Johnson & Johnson utiliza uma paleta de cores que inclui vermelho e branco, cores que evocam cuidado e confiança. Essas cores simples e puras reforçam a identidade da marca como uma que cuida da saúde e do bem-estar das famílias.

Tom de Voz: Comunicando a Personalidade da Marca

O tom de voz é a forma como sua marca "fala" com o público. Ele deve refletir o arquétipo escolhido, criando uma personalidade consistente e reconhecível em todas as comunicações da marca. Vamos ver como cada arquétipo pode se manifestar no tom de voz:

1. O Inocente

O tom de voz do Inocente é otimista, amigável e simples. Ele deve comunicar esperança, confiança e positividade. A marca deve falar de maneira clara e direta, evitando jargões e complexidade. Exemplo: "Vamos celebrar as pequenas alegrias da vida!"

Exemplo Prático: Dove
A Dove utiliza um tom de voz suave e encorajador, refletindo seu alinhamento com o arquétipo do Inocente. A marca fala de beleza natural e autoconfiança, usando uma linguagem que é inclusiva e positiva.

2. O Explorador

O Explorador tem um tom de voz entusiástico, aventureiro e curioso. A comunicação deve inspirar o público a buscar novas experiências e a sair da rotina. Exemplo: "Descubra o que está além do horizonte."

Exemplo Prático: National Geographic
A National Geographic utiliza um tom de voz que reflete a curiosidade e a paixão por explorar o mundo. A marca inspira seus leitores a aprender e a explorar, utilizando uma linguagem que é ao mesmo tempo educativa e emocionante.

3. O Sábio

O tom de voz do Sábio é autoritativo, calmo e informativo. A marca deve falar com clareza e profundidade, fornecendo insights valiosos e transmitindo conhecimento. Exemplo: "Vamos iluminar o caminho para o entendimento."

Exemplo Prático: The New York Times
The New York Times utiliza um tom de voz sério, confiável e autoritário, refletindo o arquétipo do Sábio. A comunicação é focada em fornecer informações precisas e aprofundadas, ajudando os leitores a entender o mundo ao seu redor.

4. O Herói

O Herói comunica-se de forma inspiradora, motivadora e confiante. O tom de voz deve encorajar o público a enfrentar desafios e alcançar seus objetivos. Exemplo: "Você tem o poder de mudar o mundo."

Exemplo Prático: Gatorade

Gatorade utiliza um tom de voz energizante e motivador, refletindo o arquétipo do Herói. A marca fala diretamente aos atletas, incentivando-os a se superarem e a darem o melhor de si.

5. O Fora da Lei

O Fora da Lei tem um tom de voz desafiador, provocador e irreverente. A marca deve falar de forma ousada, muitas vezes questionando as normas estabelecidas. Exemplo: "Quebre as regras. Crie as suas próprias."

Exemplo Prático: Diesel

Diesel utiliza um tom de voz ousado e provocativo, alinhado com o arquétipo do Fora da Lei. As campanhas da marca muitas vezes desafiam as convenções sociais e culturais, reforçando sua identidade rebelde.

6. O Mago

O Mago utiliza um tom de voz enigmático, visionário e inspirador. A comunicação deve estimular a imaginação e promover a transformação. Exemplo: "Transforme o comum em extraordinário."

Exemplo Prático: Tesla

Tesla utiliza um tom de voz que reflete inovação e transformação, características centrais ao arquétipo do Mago. A comunicação da marca é focada em revolucionar a indústria automotiva e em criar um futuro mais sustentável.

7. O Cara Comum

O tom de voz do Cara Comum é acessível, amigável e autêntico. A marca deve falar de forma simples e direta, sem pretensões. Exemplo: "Estamos aqui para facilitar sua vida."

Exemplo Prático: Walmart

Walmart utiliza um tom de voz que é direto e acessível, refletindo o arquétipo do Cara Comum. A comunicação da marca foca em oferecer valor e praticidade, falando diretamente às necessidades cotidianas do consumidor.

8. O Amante

O Amante comunica-se de forma sensual, emocional e envolvente. A marca deve falar com paixão e atenção aos detalhes, criando uma conexão profunda com o público. Exemplo: "Apaixone-se pela beleza ao seu redor."

Exemplo Prático: Victoria's Secret
Victoria's Secret utiliza um tom de voz sensual e confiante, alinhado com o arquétipo do Amante. A marca fala de beleza e desejo, incentivando seus clientes a se sentirem poderosos e atraentes.

9. O Bobo da Corte

O tom de voz do Bobo da Corte é divertido, irreverente e espirituoso. A comunicação deve entreter e fazer o público sorrir, muitas vezes usando humor e brincadeiras. Exemplo: "Ria e aproveite cada momento."

Exemplo Prático: Old Spice
Old Spice utiliza um tom de voz irreverente e humorístico, refletindo o arquétipo do Bobo da Corte. Suas campanhas publicitárias são conhecidas por serem engraçadas e inusitadas, criando uma conexão divertida com o público.

10. O Criador

O Criador comunica-se de forma inspiradora, imaginativa e original. A marca deve falar de inovação e expressividade, encorajando o público a criar e a pensar fora da caixa. Exemplo: "Liberte sua criatividade e construa algo novo."

Exemplo Prático: Adobe

Adobe utiliza um tom de voz que é ao mesmo tempo inspirador e educativo, refletindo o arquétipo do Criador. A marca incentiva os criativos a explorarem novas possibilidades e a utilizarem suas ferramentas para transformar ideias em realidade.

11. O Governante

O Governante tem um tom de voz autoritário, formal e confiante. A comunicação deve transmitir liderança, controle e excelência. Exemplo: "Comande com confiança e sabedoria."

Exemplo Prático: Rolex

Rolex utiliza um tom de voz que é sofisticado e formal, refletindo o arquétipo do Governante. A marca comunica prestígio e excelência, posicionando seus produtos como símbolos de status e liderança.

12. O Prestativo

O Prestativo comunica-se de forma gentil, compassiva e solidária. A marca deve falar com empatia, mostrando que está sempre pronta para ajudar. Exemplo: "Estamos aqui para apoiar você em todos os momentos."

Exemplo Prático: TOMS

TOMS utiliza um tom de voz que é empático e generoso, alinhado com o arquétipo do Prestativo. A marca foca em fazer o bem, com campanhas que destacam seu compromisso com causas sociais e com o apoio às comunidades carentes.

Seleção de Conteúdos: Contando a História do Arquétipo

O conteúdo é a maneira mais direta de contar a história do arquétipo da sua marca. Cada peça de conteúdo — seja um post em redes sociais, um artigo de blog ou um vídeo — deve refletir a identidade do arquétipo e reforçar a mensagem central da marca. Aqui está como cada arquétipo pode guiar a seleção de conteúdos:

1. O Inocente

Conteúdos que inspiram alegria, simplicidade e otimismo são ideais para o Inocente. Exemplos incluem histórias de superação simples, celebrações da vida cotidiana e dicas de bem-estar que promovem uma vida positiva.

Exemplo Prático: Disney
Disney, alinhada com o arquétipo do Inocente, cria conteúdos que celebram a magia e a inocência, como filmes e séries que destacam o bem contra o mal e o poder dos sonhos.

2. O Explorador

Para o Explorador, o conteúdo deve destacar novas experiências, aventuras e descobertas. Relatos de viagens, guias de exploração e documentários sobre expedições são conteúdos que ressoam com esse arquétipo.

Exemplo Prático: The North Face

The North Face cria conteúdos que incentivam a aventura e a exploração, com vídeos e blogs focados em expedições, escaladas e aventuras ao ar livre.

3. O Sábio

O Sábio deve focar em conteúdos educativos, análises aprofundadas e reflexões. Livros brancos, estudos de caso e artigos analíticos são formas eficazes de comunicar a sabedoria da marca.

Exemplo Prático: TED Talks

TED Talks oferece conteúdos que refletem o arquétipo do Sábio, com palestras que exploram ideias profundas e insights valiosos de diversas disciplinas.

4. O Herói

Conteúdos motivacionais, histórias de superação e campanhas de incentivo são ideais para o Herói. Vídeos de atletas, documentários sobre grandes conquistas e campanhas de ativismo social reforçam esse arquétipo.

Exemplo Prático: Under Armour

Under Armour, com seu foco no desempenho atlético, cria conteúdos que destacam a superação e o treinamento rigoroso, inspirando os consumidores a buscar a excelência.

5. O Fora da Lei

O Fora da Lei deve criar conteúdos provocativos, desafiadores e que questionam o status quo. Campanhas de choque, documentários sobre movimentos de contracultura e marketing guerrilheiro são apropriados.

Exemplo Prático: MTV

MTV, especialmente em seus primeiros anos, utilizou conteúdos que desafiavam normas culturais e sociais, refletindo o espírito rebelde do arquétipo do Fora da Lei.

6. O Mago

Conteúdos do Mago devem ser transformadores e inspiradores, mostrando inovações e descobertas surpreendentes. Vídeos sobre novas tecnologias, workshops criativos e campanhas que exploram o futuro são ideais.

Exemplo Prático: Google

Google cria conteúdos que refletem o arquétipo do Mago, com foco em inovação e transformação digital, como seus projetos de inteligência artificial e realidade aumentada.

7. O Cara Comum

O Cara Comum deve criar conteúdos práticos e acessíveis que falem diretamente às necessidades cotidianas do público. Tutoriais, dicas para o dia a dia e histórias de pessoas comuns são exemplos de conteúdos apropriados.

Exemplo Prático: Home Depot

Home Depot utiliza conteúdos que são práticos e acessíveis, oferecendo tutoriais de bricolagem, conselhos de jardinagem e dicas para melhorar a casa.

8. O Amante

Conteúdos que celebram o amor, a beleza e a sensualidade são perfeitos para o Amante. Sessões de fotos, campanhas de moda e vídeos emocionantes que destacam relacionamentos e experiências sensuais são eficazes.

Exemplo Prático: L'Oréal

L'Oréal cria conteúdos que destacam a beleza e a autoexpressão, com campanhas que celebram a diversidade e a confiança, refletindo o arquétipo do Amante.

9. O Bobo da Corte

O Bobo da Corte deve criar conteúdos divertidos e leves, que façam o público rir e se divertir. Memes, vídeos engraçados e campanhas virais são exemplos de conteúdos que funcionam bem.

Exemplo Prático: Skittles

Skittles utiliza conteúdos que são irreverentes e engraçados, muitas vezes com campanhas publicitárias absurdas e memoráveis que capturam o espírito brincalhão do Bobo da Corte.

10. O Criador

O Criador deve criar conteúdos que inspiram a criatividade e a inovação, como desafios de design, concursos artísticos e exposições de arte. Vídeos sobre processos criativos e histórias de inventores são eficazes.

Exemplo Prático: LEGO

LEGO constantemente cria conteúdos que inspiram a criatividade, como campanhas que incentivam a construção livre e histórias de fãs que criam obras impressionantes com seus blocos.

11. O Governante

O Governante deve criar conteúdos que refletem poder, liderança e controle. Estudos de caso de sucesso, eventos de gala e entrevistas com líderes empresariais são exemplos de conteúdos apropriados.

Exemplo Prático: Goldman Sachs

Goldman Sachs utiliza conteúdos que reforçam sua autoridade e liderança no setor financeiro, como relatórios econômicos detalhados e palestras exclusivas com líderes empresariais.

12. O Prestativo

O Prestativo deve criar conteúdos que ajudem e eduquem o público, como guias, dicas de autocuidado e histórias inspiradoras de apoio.

Exemplo Prático: Pampers

Pampers cria conteúdos que educam e apoiam os pais, com dicas sobre cuidados com bebês, guias de desenvolvimento infantil e campanhas que destacam a importância da saúde e do bem-estar das crianças.

Seleção de Imagens: Reforçando o Arquétipo Visualmente

As imagens que você usa para representar sua marca devem refletir o arquétipo escolhido e reforçar subliminarmente as características da marca. Cada arquétipo pode ser representado visualmente de diferentes maneiras:

1. O Inocente

Imagens claras, luminosas e cheias de vida são ideais para o Inocente. Paisagens ensolaradas, sorrisos autênticos e cenas de simplicidade e felicidade diária capturam a essência deste arquétipo.

Exemplo Prático: McDonald's
McDonald's utiliza imagens de famílias felizes e crianças sorridentes, em ambientes claros e acolhedores, refletindo o otimismo e a simplicidade do Inocente.

2. O Explorador

Imagens de paisagens vastas, trilhas desafiadoras e aventuras ao ar livre são perfeitas para o Explorador. Fotografias que mostram movimento e a vastidão da natureza ajudam a comunicar o desejo de explorar.

Exemplo Prático: Patagonia

Patagonia utiliza imagens que capturam a essência da aventura e da exploração, com fotos de montanhistas, trilhas desafiadoras e paisagens inexploradas.

3. O Sábio

O Sábio é bem representado por imagens que evocam conhecimento e contemplação. Bibliotecas, livros, figuras pensativas e ambientes de estudo são exemplos de imagens eficazes para este arquétipo.

Exemplo Prático: Harvard University

Harvard utiliza imagens de salas de aula, bibliotecas antigas e professores renomados, reforçando sua identidade como uma instituição do arquétipo do Sábio.

4. O Herói

O Herói deve ser representado por imagens de ação, força e superação. Atletas em treinamento, pessoas em momentos de vitória e imagens que capturam o espírito de superação são ideais.

Exemplo Prático: Nike

Nike utiliza imagens de atletas em ação, suando, treinando e superando limites, capturando a essência do arquétipo do Herói.

5. O Fora da Lei

O Fora da Lei deve ser representado por imagens ousadas, provocativas e muitas vezes subversivas. Cenas urbanas, motocicletas e indivíduos que desafiam normas sociais são exemplos de imagens eficazes.

Exemplo Prático: Converse

Converse utiliza imagens que capturam a subcultura urbana, com cenas de grafite, skate e jovens desafiando normas, reforçando o espírito rebelde do Fora da Lei.

6. O Mago

O Mago deve ser representado por imagens que evocam mistério e transformação. Fotografias abstratas, inovações tecnológicas e cenas futuristas são ideais para este arquétipo.

Exemplo Prático: Intel

Intel utiliza imagens de laboratórios tecnológicos, engenheiros e dispositivos inovadores, capturando a magia da inovação e da transformação.

7. O Cara Comum

O Cara Comum é bem representado por imagens simples e realistas, que mostram cenas do cotidiano, pessoas comuns e ambientes confortáveis. Fotografias que capturam autenticidade e acessibilidade são eficazes.

Exemplo Prático: Amazon
Amazon utiliza imagens de pessoas comuns utilizando seus serviços no dia a dia, reforçando sua identidade como uma marca acessível e centrada no consumidor.

8. O Amante

O Amante deve ser representado por imagens sensuais e luxuosas. Retratos de casais, cenas românticas, e fotografias que capturam beleza e desejo são ideais.

Exemplo Prático: Dolce & Gabbana
Dolce & Gabbana utiliza imagens que capturam a sensualidade e a opulência, com cenas de casais glamorosos e ambientes luxuosos, refletindo o arquétipo do Amante.

9. O Bobo da Corte

O Bobo da Corte deve ser representado por imagens vibrantes, divertidas e exageradas. Cenas de festas, expressões exageradas e fotografias que capturam momentos engraçados são eficazes.

Exemplo Prático: Taco Bell

Taco Bell utiliza imagens que são irreverentes e coloridas, capturando o espírito divertido e brincalhão do Bobo da Corte.

10. O Criador

O Criador deve ser representado por imagens que estimulam a imaginação e a criatividade. Cenas de estúdios, artistas trabalhando, e fotografias de obras de arte são exemplos de imagens eficazes.

Exemplo Prático: Pixar

Pixar utiliza imagens que capturam o processo criativo, com cenas de seus animadores e ilustradores em ação, reforçando seu alinhamento com o arquétipo do Criador.

11. O Governante

O Governante deve ser representado por imagens que evocam

poder, ordem e sofisticação. Cenas de ambientes de luxo, líderes empresariais e símbolos de autoridade são eficazes para este arquétipo.

Exemplo Prático: Louis Vuitton

Louis Vuitton utiliza imagens de seus produtos em ambientes de luxo e sofisticação, capturando a essência do arquétipo do Governante.

12. O Prestativo

O Prestativo deve ser representado por imagens que evocam cuidado e apoio. Fotografias de pessoas ajudando umas às outras, ambientes acolhedores e gestos de bondade são ideais.

Exemplo Prático: Unicef

Unicef utiliza imagens de trabalhadores humanitários ajudando crianças e famílias em necessidade, refletindo a compaixão e o cuidado central ao arquétipo do Prestativo.

Aplicar o arquétipo da sua empresa na construção da marca é uma tarefa que requer uma coordenação cuidadosa de todos os elementos de branding — desde as cores que você usa até as palavras que você escolhe e as imagens que você exibe. Cada decisão que você toma deve estar alinhada com o arquétipo escolhido, garantindo que a identidade da marca seja coesa, autêntica e emocionalmente ressonante.

Ao final deste processo, sua marca não apenas será mais reconhecível e memorável, mas também terá a capacidade de criar conexões emocionais profundas e duradouras com seus clientes. No próximo capítulo, vamos explorar como medir o impacto da implementação do arquétipo e ajustar sua estratégia conforme necessário para maximizar o impacto da sua marca no mercado.

Arquétipos e a Influência no *Share of Mind* das Marcas

No mundo do marketing, *share of mind* é um conceito vital que pode definir o sucesso de uma marca em um mercado competitivo. Refere-se à medida de quantas vezes os consumidores pensam em uma marca em comparação com os concorrentes. Basicamente, quanto maior o *share of mind* de uma marca, maior é a probabilidade de que os consumidores escolham essa marca quando decidem fazer uma compra. Neste capítulo, vamos explorar como o uso estratégico dos arquétipos ajuda as marcas a aumentar seu *share of mind* e se fixar profundamente na mente dos consumidores. Com exemplos práticos, veremos como marcas mundialmente conhecidas utilizam arquétipos para dominar o espaço mental de seus públicos-alvo.

O Que é *Share of Mind*?

Share of mind pode ser definido como a parcela de atenção e memória que uma marca ocupa na mente dos consumidores. É um indicador de quão bem uma marca é lembrada ou reconhecida por seu público-alvo em comparação com outras marcas concorrentes. Quando um consumidor pensa em um produto ou serviço, as primeiras marcas que vêm à mente são aquelas que possuem um *share of mind* elevado. Esse conceito é crucial porque, em muitos casos, o *share of mind* se traduz diretamente em *market share* — ou seja, quanto mais uma marca é lembrada, maiores são as chances de ela ser escolhida e, portanto, de aumentar sua participação no mercado.

Como o *Share of Mind* é Conquistado?

O *share of mind* é conquistado através de uma combinação de fatores, como publicidade consistente, comunicação eficaz, presença em vários pontos de contato com o consumidor e, crucialmente, através de uma identidade de marca forte e coesa. E é aqui que entram os arquétipos. Quando uma marca se alinha claramente com um arquétipo, ela não só se diferencia dos concorrentes, mas também cria uma conexão emocional profunda com os consumidores, o que facilita a memorização e a preferência.

Como os Arquétipos Aumentam o *Share of Mind*

Os arquétipos ajudam a aumentar o *share of mind* de uma marca ao fornecer uma base emocional sólida e uma narrativa coerente que ressoa com o inconsciente coletivo dos consumidores. Abaixo, exploramos como diferentes arquétipos podem impactar o *share of mind* de uma marca, utilizando exemplos de marcas bem-sucedidas que dominaram esse conceito.

1. O Inocente: Criando Memórias Felizes e Positivas

O arquétipo do Inocente se baseia em valores como simplicidade, otimismo e felicidade. Marcas que utilizam esse arquétipo tendem a criar uma atmosfera positiva que deixa os consumidores se sentindo bem, o que é crucial para aumentar o *share of mind*. Quando uma marca está associada a sentimentos positivos, ela é lembrada com mais frequência.

Exemplo: Coca-Cola
A Coca-Cola é um exemplo clássico de uma marca que utiliza o arquétipo do Inocente. A marca é sinônimo de felicidade e celebração, o que é refletido em sua comunicação consistente ao longo dos anos, desde os icônicos comerciais de Natal até a famosa campanha "Taste the Feeling". A Coca-Cola domina o *share of mind* porque se posiciona como a bebida que está presente em momentos de alegria e simplicidade, como um jantar em família ou uma reunião entre amigos. A associação constante com momentos felizes faz com que a marca seja a primeira escolha na mente dos consumidores quando pensam em refrigerantes.

2. O Explorador: Inspirando Descobertas e Aventuras

O arquétipo do Explorador é sobre aventura, liberdade e a busca por novos horizontes. Marcas que incorporam esse arquétipo incentivam os consumidores a explorar e a descobrir, seja fisicamente ou emocionalmente. Esse sentimento de aventura e descoberta torna essas marcas memoráveis e, portanto, aumenta seu *share of mind*.

Exemplo: The North Face

The North Face é uma marca que personifica o arquétipo do Explorador. Suas campanhas publicitárias e conteúdos digitais mostram aventureiros escalando montanhas, explorando territórios desconhecidos e vivendo experiências únicas ao ar livre. Ao se posicionar como a marca que capacita os consumidores a explorarem o mundo, The North Face se fixa na mente dos aventureiros e entusiastas do ar livre. O *share of mind* da marca é reforçado toda vez que alguém pensa em equipamentos para aventuras, tornando-a uma escolha quase automática para seu público-alvo.

3. O Sábio: Estabelecendo Autoridade e Credibilidade

O Sábio é um arquétipo que se baseia no conhecimento, na verdade e na busca contínua pela compreensão. Marcas que utilizam esse arquétipo buscam educar e informar seus consumidores, estabelecendo-se como autoridades em seu campo. Esse posicionamento torna a marca uma referência confiável, aumentando seu *share of mind*.

Exemplo: Harvard University

Harvard, uma das universidades mais prestigiadas do mundo, é um exemplo de marca que utiliza o arquétipo do Sábio. A marca é sinônimo de excelência acadêmica e conhecimento profundo. Harvard aparece na mente das pessoas sempre que se fala em educação superior de elite. A consistência da universidade em manter seu posicionamento como uma instituição de alta credibilidade e conhecimento sólido garantiu a ela um *share of mind* global inigualável no setor educacional.

4. O Herói: Inspirando Superação e Conquistas

O arquétipo do Herói está associado à coragem, força e superação de desafios. Marcas que utilizam este arquétipo buscam inspirar seus consumidores a se tornarem melhores e a conquistarem suas metas. A inspiração e a energia positiva que essas marcas transmitem contribuem para um *share of mind* elevado.

Exemplo: Nike

Nike é a personificação moderna do arquétipo do Herói. Com seu slogan icônico "Just Do It", a marca inspira milhões de pessoas ao redor do mundo a superarem seus limites, sejam eles físicos ou mentais. As campanhas da Nike frequentemente apresentam atletas enfrentando desafios aparentemente impossíveis, reforçando a ideia de que com determinação e esforço, qualquer um pode ser um herói. Esse posicionamento ajuda a Nike a dominar o *share of mind* no setor de roupas e calçados esportivos.

5. O Fora da Lei: Desafiando o Status Quo

O arquétipo do Fora da Lei é sobre rebelião, quebra de regras e rejeição das normas estabelecidas. Marcas que se alinham com esse arquétipo atraem consumidores que se veem como desafiadores e independentes, criando uma conexão emocional que leva a um *share of mind* forte e duradouro.

Exemplo: Harley-Davidson

Harley-Davidson é uma marca que exala o arquétipo do Fora da Lei. Com uma imagem de liberdade indomável e rebeldia, Harley-Davidson não vende apenas motocicletas, mas um estilo de vida que desafia o convencional. A marca é tão fortemente identificada com este arquétipo que, para muitos, pensar em motocicletas grandes e potentes é automaticamente associar-se à Harley-Davidson. Isso garante à marca um *share of mind* quase inabalável entre os entusiastas de motocicletas.

6. O Mago: Transformando o Comum em Extraordinário

O Mago é o arquétipo da transformação, do misticismo e da mudança. Marcas que utilizam este arquétipo prometem transformar a realidade de seus consumidores, oferecendo soluções que parecem quase mágicas. Esse sentido de transformação ajuda a fixar a marca na mente dos consumidores.

Exemplo: Apple

Apple é a personificação do arquétipo do Mago no mundo da tecnologia. A marca é conhecida por transformar o cotidiano através de inovações tecnológicas que mudam a forma como as pessoas vivem e trabalham. Desde o lançamento do iPhone, que revolucionou a comunicação móvel, até o iPad, que mudou a maneira como interagimos com conteúdo digital, a Apple se posiciona como uma marca que oferece produtos que são mais do que simples dispositivos — eles são transformadores. Esse posicionamento claro e consistente garante à Apple um *share of mind* altíssimo em tecnologia e inovação.

7. O Cara Comum: Conectando-se pela Simplicidade e Acessibilidade

O arquétipo do Cara Comum está relacionado à acessibilidade, autenticidade e pertencimento. Marcas que adotam este arquétipo se posicionam como acessíveis e comuns, conectando-se com os consumidores de uma forma que faz com que eles se sintam compreendidos e incluídos.

Exemplo: IKEA

IKEA é uma marca que exemplifica o arquétipo do Cara Comum. Com seus móveis acessíveis e de fácil montagem, a IKEA se posiciona como uma marca para todos, promovendo o design acessível. Ao se alinhar com as necessidades e valores do consumidor médio, a IKEA se fixa como uma opção prioritária quando o assunto é mobília acessível e prática. Esse relacionamento direto e empático com o público garante à IKEA um *share of mind* dominante em seu setor.

8. O Amante: Encantando com Beleza e Paixão

O arquétipo do Amante é centrado em prazer, beleza e desejo. Marcas que utilizam este arquétipo buscam criar uma conexão emocional intensa, focando em experiências sensoriais e de prazer que levam os consumidores a desejar a marca repetidamente.

Exemplo: Chanel

Chanel é uma marca que representa o arquétipo do Amante. Com seu foco em luxo, elegância e desejo, Chanel cria produtos que são objeto de desejo em todo o mundo. A marca é conhecida por suas campanhas sensuais e sofisticadas, que destacam a beleza e a paixão. Este posicionamento garante que Chanel esteja sempre na mente dos consumidores que buscam produtos de luxo e moda de alta qualidade.

9. O Bobo da Corte: Dominando o Lúdico e o Entretenimento

O Bobo da Corte é o arquétipo da diversão, da irreverência e da alegria. Marcas que utilizam este arquétipo se posicionam como divertidas e descontraídas, proporcionando aos consumidores uma experiência leve e divertida, o que pode resultar em um *share of mind* significativo.

Exemplo: M&M's

M&M's exemplifica o arquétipo do Bobo da Corte com seus comerciais alegres e personagens animados. A marca cria uma experiência de consumo que é tanto divertida quanto deliciosa, mantendo-se sempre presente na mente dos consumidores quando eles pensam em doces ou chocolate. A combinação de humor e sabor garantiu à M&M's um *share of mind* destacado no mercado de confeitos.

10. O Criador: Inspirando Inovação e Originalidade

O arquétipo do Criador está associado à inovação, criatividade e originalidade. Marcas que se alinham com este arquétipo encorajam seus consumidores a expressarem sua criatividade e a criarem coisas novas. Esse incentivo à expressão pessoal ajuda a aumentar o *share of mind*.

Exemplo: LEGO

LEGO é uma marca que personifica o arquétipo do Criador. Com seus blocos de construção, a LEGO permite que crianças e adultos liberem sua imaginação e criem infinitas possibilidades. A marca é sinônimo de criatividade e diversão, o que a torna a primeira escolha para qualquer pessoa que busca brinquedos criativos. Essa associação clara e forte com a criatividade garante à LEGO um *share of mind* dominante no setor de brinquedos.

11. O Governante: Exalando Poder e Controle

O Governante é o arquétipo do poder, controle e ordem. Marcas que utilizam este arquétipo se posicionam como líderes em seus setores, oferecendo produtos ou serviços que transmitem segurança, estabilidade e prestígio. Esse posicionamento claro pode garantir um *share of mind* alto.

Exemplo: Rolex

Rolex é a marca que melhor exemplifica o arquétipo do Governante. Conhecida por seus relógios de luxo, Rolex simboliza poder, sucesso e status. A marca é sinônimo de liderança e excelência, e essa imagem consolidada garante que Rolex seja uma das primeiras marcas lembradas quando se fala em relógios de luxo. Esse *share of mind* elevado reflete a posição de domínio da marca em seu segmento.

12. O Prestativo: Construindo Confiança e Cuidado

O arquétipo do Prestativo é baseado na compaixão, generosidade e cuidado. Marcas que adotam este arquétipo buscam ajudar seus consumidores de maneira genuína, criando uma forte conexão emocional que pode resultar em um *share of mind* elevado.

Exemplo: Johnson & Johnson

Johnson & Johnson é uma marca que encarna o arquétipo do Prestativo. Com foco na saúde e no bem-estar, a marca comunica cuidado e confiança em todos os seus produtos e campanhas. A empresa é conhecida por suas ações voltadas para a saúde da família, o que a torna uma marca confiável e respeitada. Esse foco constante no cuidado com o consumidor garante a Johnson & Johnson um *share of mind* forte e duradouro, especialmente no setor de cuidados pessoais e saúde.

O uso estratégico dos arquétipos não apenas ajuda a construir uma identidade de marca coesa, mas também é uma ferramenta poderosa para aumentar o *share of mind* de uma marca. Ao se alinhar claramente com um arquétipo específico, uma marca cria uma narrativa emocional que ressoa profundamente com os consumidores, tornando-a mais memorável e preferida. Quando os consumidores associam consistentemente uma marca a um conjunto específico de valores e emoções, essa marca se fixa em suas mentes, garantindo um lugar de destaque nas decisões de compra.

Cada arquétipo oferece uma maneira única de se conectar com o público e de criar um *share of mind* forte. Seja inspirando superação como o Herói, desafiando o status quo como o Fora da Lei, ou proporcionando cuidados como o Prestativo, uma marca que utiliza arquétipos de forma eficaz pode garantir que seja a primeira a ser lembrada e escolhida pelos consumidores. No próximo capítulo, vamos explorar como medir o impacto do *share of mind* e ajustar suas estratégias de branding para garantir que sua marca continue a dominar o espaço mental dos consumidores.

Estudo de Caso: Nike e Michael Jordan

A Nike é uma das marcas mais icônicas do mundo, famosa por seus produtos esportivos de alta qualidade e por inspirar milhões de pessoas a atingir seu potencial máximo. Um dos momentos mais marcantes na trajetória da Nike foi a contratação de Michael Jordan como embaixador da marca, uma decisão que não apenas catapultou a empresa para um novo patamar de sucesso, mas também exemplificou perfeitamente o uso estratégico do arquétipo do Herói. Neste capítulo, vamos explorar como a parceria com Jordan reforçou o arquétipo da Nike e o impacto dessa decisão no crescimento da marca. Além disso, discutiremos as lições valiosas que você pode aplicar na sua própria empresa.

O Arquétipo do Herói: A Base da Identidade da Nike

Desde o início, a Nike se posicionou como muito mais do que uma simples fabricante de roupas e calçados esportivos. A marca sempre se viu como um símbolo de superação, força e conquista. O arquétipo do Herói, com suas qualidades de coragem, determinação e vitória, se alinha perfeitamente com a missão da Nike de inspirar as pessoas a alcançarem o máximo de seu potencial, seja no esporte ou na vida.

O slogan "Just Do It", lançado em 1988, encapsula a essência do Herói. Esta frase simples, mas poderosa, convida as pessoas a agir, enfrentar seus medos e superar desafios. Não importa o quão difícil seja a tarefa, a Nike está lá para lembrar seus consumidores de que eles têm a força para superar qualquer obstáculo. Esse slogan não só reforça o arquétipo do Herói, mas também se tornou uma das campanhas de marketing mais bem-sucedidas da história, ajudando a Nike a se fixar profundamente na mente dos consumidores.

A Contratação de Michael Jordan: O Encontro de Dois Heróis

Em 1984, a Nike tomou uma decisão que mudaria para sempre o curso da empresa: assinou um contrato com o então novato jogador de basquete Michael Jordan. Na época, Jordan era apenas um promissor jovem atleta, mas a Nike viu nele o potencial para encarnar o arquétipo do Herói que a marca estava construindo. Jordan não era apenas um talento esportivo, ele personificava todas as qualidades que a Nike valorizava — determinação, superação e um desejo incansável de vencer.

A Criação do Air Jordan

O primeiro fruto dessa parceria foi o lançamento da linha de tênis Air Jordan. Ao contrário de muitos contratos de patrocínio na época, a Nike não apenas colocou o nome de Jordan em seus produtos; eles criaram uma linha inteira de calçados baseada na persona de Jordan, que representava o Herói em sua forma mais pura. O design ousado e inovador dos tênis Air Jordan, combinado com a imagem vitoriosa de Jordan, transformou esses calçados em muito mais do que simples produtos — eles se tornaram símbolos de aspiração e conquista.

Impacto Cultural

A campanha de marketing em torno do Air Jordan foi um sucesso estrondoso. A combinação da imagem de Jordan com a mensagem de superação da Nike ressoou profundamente com o público. Não apenas os fãs de basquete, mas pessoas de todas as idades e origens começaram a ver os Air Jordans como um símbolo de status, estilo e, acima de tudo, de vitória. Jordan, que já estava ganhando fama nas quadras, tornou-se um ícone cultural, e a Nike se beneficiou diretamente disso, vendo suas vendas dispararem.

A Lenda Cresce

Conforme Jordan continuava a dominar o mundo do basquete, conquistando títulos e quebrando recordes, a Nike se consolidava como a marca que não apenas apoiava, mas impulsionava os heróis. A cada vitória de Jordan, a Nike reforçava sua posição como a marca dos vencedores. Essa associação com um atleta de sucesso que incorporava o arquétipo do Herói de maneira tão perfeita foi um golpe de mestre que elevou a Nike a um status que poucas marcas esportivas já alcançaram.

Como a Parceria com Jordan Mudou a Nike de Patamar

A contratação de Michael Jordan não foi apenas uma jogada de marketing; foi um movimento estratégico que transformou a Nike em uma potência global. Aqui estão alguns dos principais impactos dessa parceria:

1. Expansão Exponencial do *Share of Mind*

Antes de Jordan, a Nike já era uma marca reconhecida, mas a parceria com Jordan a catapultou para o topo da mente dos consumidores em todo o mundo. Os Air Jordans não eram apenas um sucesso de vendas; eles se tornaram um fenômeno cultural. Isso garantiu à Nike um *share of mind* dominante, especialmente entre os jovens, que viam os tênis não apenas como calçados, mas como símbolos de identidade e aspiração.

2. Reforço do Arquétipo do Herói

A Nike já havia adotado o arquétipo do Herói, mas a parceria com Jordan deu vida a esse arquétipo de uma maneira sem precedentes. Jordan personificava o Herói que a Nike queria representar — alguém que enfrenta desafios com coragem e determinação, que não aceita a derrota e que inspira os outros a seguirem seus passos. Essa encarnação perfeita do arquétipo solidificou a identidade da Nike e a diferenciou ainda mais de seus concorrentes.

3. A Criação de uma Nova Categoria de Produto

Antes de Jordan, os tênis eram vistos principalmente como utilitários, produtos funcionais para prática esportiva. A Nike, com a linha Air Jordan, ajudou a transformar os tênis em itens de moda e estilo. Eles se tornaram um produto aspiracional, desejado por consumidores que queriam se identificar com o sucesso de Jordan. Isso não apenas ampliou o mercado da Nike, mas também mudou a maneira como as pessoas pensam sobre calçados esportivos em geral.

4. Fortalecimento da Lealdade à Marca

A conexão emocional criada entre a Nike, Jordan e seus consumidores resultou em uma lealdade à marca sem precedentes. Os fãs de Jordan não estavam apenas comprando tênis; eles estavam comprando uma parte da lenda. Esse nível de lealdade não só garantiu vendas contínuas, mas também transformou os consumidores em defensores da marca, prontos para recomendar e promover a Nike por conta própria.

5. Crescimento Global e Diversificação

O sucesso da linha Air Jordan não só impulsionou a Nike no mercado dos Estados Unidos, mas também facilitou sua expansão global. A marca aproveitou a popularidade de Jordan para entrar em novos mercados e fortalecer sua presença em regiões onde não era tão conhecida. Além disso, a Nike diversificou sua oferta, expandindo para outras categorias de produtos e aumentando seu portfólio com o mesmo espírito de inovação que definiu os Air Jordans.

Lições para Aplicar na Sua Empresa

A história da parceria entre Nike e Michael Jordan oferece lições valiosas que podem ser aplicadas a qualquer empresa, independentemente do tamanho ou setor:

1. Encontre um Embaixador que Encarne Seu Arquétipo

Michael Jordan não era apenas um porta-voz; ele era a personificação viva do arquétipo do Herói que a Nike buscava projetar. Ao selecionar embaixadores para sua marca, procure indivíduos que não apenas representem seus produtos, mas que também personifiquem os valores e o arquétipo da sua marca. Isso cria uma conexão autêntica que ressoa profundamente com o público.

2. Crie Produtos que Contem uma História

Os Air Jordans não eram apenas tênis; eram uma extensão da história de sucesso de Michael Jordan. Ao desenvolver novos produtos, pense em como eles podem contar uma história que se alinhe com o arquétipo da sua marca. Produtos que têm uma narrativa forte por trás tendem a se conectar melhor com os consumidores e se destacar no mercado.

3. Invista em Parcerias Estratégicas

A Nike fez um grande investimento ao apostar em Michael Jordan, mas os retornos foram imensos. Parcerias estratégicas, quando bem escolhidas, podem catapultar sua marca para novos níveis de sucesso. Não tenha medo de investir em colaborações que reforcem a identidade e os valores da sua marca.

4. Cultive a Lealdade à Marca Através da Emoção

A Nike cultivou a lealdade à marca não apenas através de produtos de qualidade, mas também criando uma conexão emocional com seus consumidores. Encontre maneiras de se conectar emocionalmente com seu público, seja através de histórias inspiradoras, campanhas publicitárias envolventes ou experiências de marca memoráveis.

5. Adapte-se e Inove Constantemente

A Nike não parou na linha Air Jordan; ela continuou a inovar e a expandir sua oferta, mantendo-se relevante e na vanguarda da indústria. Inovação contínua e a disposição para adaptar sua estratégia são fundamentais para manter sua marca forte e competitiva no longo prazo.

A parceria entre Nike e Michael Jordan é um exemplo poderoso de como o uso estratégico de arquétipos pode transformar uma marca. Ao adotar o arquétipo do Herói e associá-lo a um embaixador que personificava essa imagem, a Nike não apenas elevou sua marca a novos patamares, mas também criou uma das histórias de sucesso mais icônicas da história do marketing.

As lições tiradas desse estudo de caso podem ser aplicadas a qualquer empresa que busque fortalecer sua marca e criar uma conexão duradoura com seus consumidores.

Estudo de Caso: Coca-Cola e o Natal — A Magia do Inocente

Coca-Cola é uma das marcas mais reconhecidas globalmente, e parte desse sucesso pode ser atribuída à sua habilidade em utilizar arquétipos para construir uma identidade de marca forte e emocionalmente ressonante. Um dos exemplos mais icônicos desse uso é a relação de Coca-Cola com o Natal, que não só reforçou o arquétipo do Inocente, mas também transformou a forma como o mundo celebra essa época do ano. Neste capítulo, vamos explorar como a Coca-Cola se apropriou do Natal, a conexão disso com seu arquétipo, e como essa estratégia impactou o *share of mind* da marca globalmente. Além disso, discutiremos as lições que você pode aplicar à sua própria empresa.

O Arquétipo do Inocente na Coca-Cola

O arquétipo do Inocente é caracterizado por simplicidade, otimismo e pureza. Marcas que adotam esse arquétipo procuram evocar sentimentos de felicidade, segurança e nostalgia, criando uma conexão emocional profunda com seu público. Coca-Cola, desde suas origens, se posicionou como uma marca que celebra a vida simples e os momentos de alegria pura. Isso é refletido em suas campanhas que frequentemente destacam famílias, amigos e celebrações que capturam a essência da felicidade e da inocência.

O arquétipo do Inocente é perfeitamente representado no icônico slogan da Coca-Cola: "Abra a Felicidade". A marca se posiciona como um catalisador de momentos felizes e inesquecíveis, uma bebida que faz parte das pequenas alegrias da vida cotidiana. Essa estratégia se alinha com a promessa do Inocente de um mundo onde tudo é simples e positivo, e onde a felicidade é facilmente acessível.

A Apropriação do Natal

A conexão entre Coca-Cola e o Natal começou na década de 1930, com uma campanha publicitária que se tornaria uma das mais influentes da história do marketing. Até então, a figura do Papai Noel, embora popular, era representada de maneiras variadas — muitas vezes como um duende ou um homem magro e sombrio. Coca-Cola decidiu criar uma imagem mais consistente e acessível do Papai Noel, alinhada ao seu arquétipo do Inocente.

A Criação do Papai Noel Coca-Cola
Em 1931, Coca-Cola contratou o artista Haddon Sundblom para criar uma série de ilustrações do Papai Noel que transmitissem a alegria, a generosidade e o calor do Natal. Sundblom se inspirou no

poema de Clement Clark Moore, "A Visit from St. Nicholas" (mais conhecido como "The Night Before Christmas"), para criar um Papai Noel corpulento, alegre e vestido de vermelho e branco — as cores da Coca-Cola. Essa imagem foi projetada para capturar a essência do arquétipo do Inocente: um ser bondoso, cheio de alegria e que traz felicidade para todos.

A imagem do Papai Noel criada por Sundblom rapidamente se tornou a representação icônica do personagem em todo o mundo. A partir de então, a Coca-Cola não apenas associou sua marca ao Natal, mas também moldou a maneira como o Natal é visualizado e celebrado globalmente.

A Propagação do Natal Coca-Cola

As campanhas de Natal da Coca-Cola continuaram a se expandir ao longo dos anos, com comerciais, anúncios impressos e, mais tarde, campanhas digitais que reforçavam a imagem de um Natal alegre e inocente. A famosa campanha dos caminhões iluminados de Coca-Cola, que trazem o Papai Noel e espalham a mensagem de alegria e união, se tornou um evento anual aguardado em muitos países.

Essas campanhas ajudaram a cimentar a posição da Coca-Cola não apenas como uma bebida para matar a sede, mas como uma marca que faz parte das tradições mais queridas e familiares das pessoas.

A Coca-Cola se tornou sinônimo de Natal, e o Natal, por sua vez, reforçou o arquétipo do Inocente na identidade da marca.

O Impacto da Estratégia de Natal no *Share of Mind* da Coca-Cola

A associação da Coca-Cola com o Natal teve um impacto profundo e duradouro no *share of mind* da marca. Ao se apropriar de uma época tão emocional e universalmente celebrada como o Natal, Coca-Cola conseguiu se fixar na mente dos consumidores de uma maneira que poucos outros produtos conseguiram.

1. Fortalecimento da Conexão Emocional

O Natal é uma época do ano carregada de emoção, nostalgia e alegria — todos elementos centrais do arquétipo do Inocente. Ao associar-se ao Natal, a Coca-Cola reforçou essa conexão emocional com seus consumidores. A cada Natal, as pessoas são lembradas não apenas da festividade, mas também da Coca-Cola como uma parte essencial dessas celebrações. Essa conexão emocional fortalece a lealdade à marca e garante que ela esteja sempre presente na mente dos consumidores durante as festas.

2. Diferenciação e Domínio de Mercado

A Coca-Cola conseguiu algo extraordinário: diferenciar-se em um mercado saturado, não apenas por seu produto, mas pela associação cultural que criou. Enquanto outras marcas podem competir em preço, sabor ou inovação, a Coca-Cola possui uma vantagem única com sua associação ao Natal. Essa associação não apenas diferencia a marca, mas também a coloca em uma posição de domínio durante a temporada de festas, quando as vendas de refrigerantes e bebidas em geral aumentam.

3. Expansão Global e Penetração Cultural

O impacto das campanhas de Natal da Coca-Cola não se limitou aos Estados Unidos. A marca conseguiu expandir essa associação para mercados internacionais, adaptando suas campanhas para diferentes culturas, mas sempre mantendo o foco no arquétipo do Inocente. A imagem do Papai Noel Coca-Cola se tornou um símbolo universal, reconhecido e amado em todo o mundo, o que ajudou a Coca-Cola a aumentar seu *share of mind* globalmente.

4. Perpetuação da Tradição

Ao longo das décadas, a Coca-Cola transformou suas campanhas de Natal em uma tradição. A expectativa anual pelos comerciais de Natal da Coca-Cola e a presença de seus caminhões iluminados em diversas cidades criaram uma tradição cultural que transcende a simples comercialização. Essa perpetuação da tradição garantiu à Coca-Cola uma presença constante na mente dos consumidores, não apenas como uma marca, mas como parte integrante da experiência natalina.

Lições que Podem Ser Aplicadas à Sua Empresa

O sucesso da Coca-Cola com suas campanhas de Natal oferece várias lições valiosas que podem ser aplicadas em empresas de todos os tamanhos e setores:

1. Identifique e Alinhe-se a um Arquétipo Consistente
A Coca-Cola escolheu o arquétipo do Inocente, que ressoa profundamente com a missão da marca de proporcionar felicidade e simplicidade. Essa escolha de arquétipo foi consistente em todas as suas campanhas, especialmente no Natal. Ao identificar um arquétipo que se alinha com a essência da sua marca, você pode criar uma narrativa coesa e ressonante que se conecta emocionalmente com seus consumidores.

2. Associe Sua Marca a Momentos Culturais Significativos
Assim como a Coca-Cola se apropriou do Natal, pense em como sua marca pode se associar a momentos culturais ou sazonais significativos que ressoem com seu público. Isso pode ser uma estratégia poderosa para aumentar a presença da sua marca na mente dos consumidores durante períodos específicos do ano. Seja criativo e busque maneiras de tornar sua marca parte integrante dessas celebrações.

3. Crie Tradições de Marca

A Coca-Cola transformou suas campanhas de Natal em uma tradição. Quando os consumidores esperam ansiosamente por suas campanhas anuais, sua marca se torna parte de suas tradições pessoais e culturais. Pense em como sua empresa pode criar tradições que seus clientes antecipem e celebrem ano após ano. Isso não só fortalece o vínculo emocional, mas também garante uma presença constante na mente do consumidor.

4. Invista em Campanhas de Longo Prazo

A campanha de Natal da Coca-Cola é um excelente exemplo de como uma estratégia de longo prazo pode consolidar a presença de uma marca no mercado. Em vez de focar em campanhas pontuais, considere investir em campanhas que possam ser repetidas e evoluídas ao longo do tempo. Isso cria consistência e familiaridade, que são fundamentais para construir lealdade à marca e aumentar o *share of mind*.

5. Adapte e Expanda sua Estratégia Globalmente

Coca-Cola conseguiu adaptar sua estratégia de Natal para diferentes mercados ao redor do mundo, respeitando as tradições locais, mas mantendo a essência de seu arquétipo do Inocente. Ao expandir para novos mercados, pense em como adaptar suas campanhas para ressoar com diferentes culturas, enquanto mantém a mensagem central da sua marca.

A relação da Coca-Cola com o Natal é um exemplo brilhante de como o uso estratégico de arquétipos pode transformar uma marca e aumentar seu *share of mind*. Ao adotar o arquétipo do Inocente e associá-lo a uma época do ano que é universalmente celebrada, a Coca-Cola conseguiu se fixar na mente e no coração dos consumidores de uma maneira que transcende o tempo e as culturas.

As lições tiradas dessa estratégia podem ser aplicadas em qualquer empresa que busque criar uma identidade de marca forte, emocionalmente ressonante e culturalmente relevante. Seja ao identificar e adotar um arquétipo, criar tradições de marca, ou investir em campanhas de longo prazo, o exemplo da Coca-Cola oferece um roteiro claro para fortalecer sua marca e garantir sua presença constante na mente dos consumidores. Ao seguir essas lições, você pode transformar sua marca em um ícone que é lembrado e celebrado, não apenas por seu produto, mas pela experiência e emoção que oferece.

Uso de Arquétipos no Marketing da Sua Empresa

Agora que já exploramos o poder dos arquétipos no branding e no fortalecimento da marca através de diversos estudos de caso, é hora de colocar esse conhecimento em prática. Implementar o uso de arquétipos no marketing da sua empresa pode ser um divisor de águas na criação de uma identidade de marca sólida e emocionalmente ressonante. Neste capítulo, vamos detalhar as etapas essenciais para coletar os dados necessários, como escolher o arquétipo certo para a sua marca e 20 sugestões de ações práticas que você pode adotar para integrar esse arquétipo em sua estratégia de marketing.

Etapa 1: Coleta de Dados

O primeiro passo para implementar o uso de arquétipos no marketing é entender profundamente a essência da sua marca e as percepções dos seus consumidores. Isso envolve coletar uma série de dados qualitativos e quantitativos. Aqui estão as etapas principais para essa coleta:

1. Pesquisa Interna

- **Entrevistas com Colaboradores**: Realize entrevistas com membros-chave da equipe para entender a visão interna da marca, seus valores, missão e personalidade. Pergunte como eles veem a marca e quais adjetivos utilizariam para descrevê-la.

- **Análise da Cultura Corporativa**: Avalie como a cultura da empresa reflete os valores e a identidade da marca. A cultura interna é uma fonte rica de insights sobre como a marca é vivida no dia a dia.

2. Pesquisa Externa

- **Entrevistas com Clientes**: Converse com seus clientes para entender como eles percebem sua marca. Pergunte sobre o que os atraiu à sua empresa e como eles descreveriam a marca para outras pessoas.
- **Pesquisa de Mercado**: Realize pesquisas de mercado para avaliar a percepção da sua marca em comparação com concorrentes. Isso pode incluir pesquisas de satisfação, análise de sentimentos em redes sociais e grupos focais.
- **Análise de Dados de Venda**: Examine os dados de vendas para identificar padrões de comportamento dos consumidores. Que produtos ou serviços são mais populares? Existe uma correlação entre certas ofertas e a percepção de marca?

3. **Análise de Concorrentes**

- **Benchmarking**: Analise como seus principais concorrentes utilizam arquétipos em suas marcas. Isso ajudará a identificar oportunidades de diferenciação e a evitar a escolha de um arquétipo já dominado por um concorrente no mesmo segmento.

Etapa 2: Escolha do Arquétipo Baseado nos Dados Recolhidos

Com os dados coletados, é hora de analisar as informações e escolher o arquétipo que melhor representa sua marca. Aqui está um guia passo a passo para essa escolha:

1. Defina a Missão e os Valores da Marca

- Revise os dados coletados e identifique os valores e a missão central da sua marca. Esses elementos são fundamentais para alinhar sua marca a um arquétipo que ressoe autenticamente com o que a empresa representa.

2. Identifique a Personalidade da Marca

- Use as descrições internas e externas da marca para definir sua personalidade. Se a marca é vista como ousada e desafiadora, por exemplo, o arquétipo do Herói ou do Fora da

Lei pode ser apropriado. Se é vista como acolhedora e prestativa, o arquétipo do Prestativo pode ser mais adequado.

3. Alinhe o Arquétipo com o Público-Alvo

- Considere o perfil do seu público-alvo. Quais são seus valores, desejos e desafios? O arquétipo escolhido deve ressoar com esses aspectos. Se seu público é jovem e busca autenticidade, o arquétipo do Cara Comum pode ser ideal.

4. Considere o Posicionamento no Mercado

- Leve em conta o posicionamento atual da sua marca e como você deseja que ela seja vista no futuro. Se você está buscando liderar um mercado com produtos inovadores, o arquétipo do Mago pode ser uma escolha estratégica.

5. Teste o Arquétipo com uma Equipe Interna

- Antes de implementar totalmente o arquétipo escolhido, faça um teste com uma equipe interna para ver como ele ressoa. Pode ser útil criar protótipos de campanhas ou visualizar como o arquétipo se traduziria em marketing prático.

Ações Práticas

Uma vez que o arquétipo esteja definido, é hora de integrá-lo em todas as facetas do marketing da sua empresa. Aqui estão 20 sugestões de ações práticas para você começar:

1. **Redefina o Slogan da Marca**: Crie ou ajuste seu slogan para refletir o arquétipo escolhido. Por exemplo, para o arquétipo do Herói, algo como "Desafie Seus Limites" pode ser adequado.
2. **Atualize a Identidade Visual**: Ajuste as cores, fontes e elementos gráficos da marca para alinhar-se ao arquétipo. Cores vibrantes para o Herói ou tons suaves para o Prestativo podem ser necessários.
3. **Desenvolva um Guia de Estilo da Marca**: Documente como o arquétipo deve ser refletido em todos os aspectos da comunicação, desde o tom de voz até as imagens utilizadas.
4. **Crie Campanhas de Marketing Alinhadas**: Lance campanhas publicitárias que contam histórias que exemplificam seu arquétipo. Se você escolheu o arquétipo do Explorador, por exemplo, crie campanhas que inspirem aventura e descoberta.
5. **Revise o Conteúdo do Site**: Atualize o conteúdo do seu site para que ele reflita o arquétipo da marca. Isso inclui a

linguagem usada, as histórias contadas e as imagens exibidas.

6. **Reconfigure o Atendimento ao Cliente**: Treine sua equipe de atendimento ao cliente para agir de acordo com o arquétipo. Uma marca do arquétipo Prestativo, por exemplo, deve ter uma equipe que se destaque pela empatia e paciência.
7. **Implemente o Arquétipo nas Redes Sociais**: Use as redes sociais para reforçar o arquétipo através de posts, interações com seguidores e campanhas. Se sua marca é o Bobo da Corte, use humor e descontração.
8. **Produza Vídeos Institucionais**: Crie vídeos que reflitam o arquétipo da marca, mostrando, por exemplo, a jornada do Herói através de histórias de superação de seus clientes.
9. **Desenvolva Embalagens Alinhadas ao Arquétipo**: Ajuste o design das embalagens de produtos para que transmitam o arquétipo. O Criador pode usar designs inovadores e arrojados, enquanto o Inocente pode optar por simplicidade e clareza.
10. **Crie um Programa de Fidelidade**: Desenhe um programa de fidelidade que ressoe com o arquétipo da marca. Para o arquétipo do Amante, ofereça experiências exclusivas e personalizadas.

11. **Realize Eventos Experienciais**: Organize eventos que personifiquem o arquétipo. Se a marca é do arquétipo do Explorador, promova aventuras ou experiências ao ar livre.
12. **Conte Histórias em Campanhas de Email Marketing**: Utilize o email marketing para contar histórias que reflitam o arquétipo e conectem emocionalmente com seus clientes.
13. **Alinhe Parcerias Estratégicas**: Escolha parceiros e influenciadores que representem o arquétipo da sua marca. Um embaixador do Herói pode ser um atleta que exala determinação e conquista.
14. **Revisite o Design dos Produtos**: Se possível, ajuste o design dos produtos para refletir o arquétipo, seja através de funcionalidades inovadoras (Mago) ou estética simples e funcional (Cara Comum).
15. **Adapte o Ambiente Físico da Marca**: Para marcas com lojas físicas, transforme o ambiente para que ele reflita o arquétipo. Por exemplo, um espaço acolhedor e confortável para o Prestativo.
16. **Crie Brindes e Materiais Promocionais**: Desenvolva brindes que personifiquem o arquétipo. Por exemplo, algo prático e útil para o Cara Comum ou luxuoso e elegante para o Amante.

17. **Reforce o Arquétipo em Comunicações Internas**: Assegure-se de que a comunicação interna também reflita o arquétipo, promovendo uma cultura corporativa alinhada.
18. **Lance uma Série de Webinars ou Podcasts**: Ofereça conteúdo educacional que reforça o arquétipo. O Sábio pode organizar webinars sobre tendências de mercado, enquanto o Explorador pode criar podcasts sobre viagens e descobertas.
19. **Desenvolva Material de Treinamento para Funcionários**: Crie programas de treinamento para garantir que todos os colaboradores compreendam e incorporem o arquétipo da marca em suas funções.
20. **Implemente Ações de Responsabilidade Social**: Engaje-se em projetos sociais que estejam alinhados com o arquétipo da marca. O arquétipo do Prestativo pode se envolver em campanhas de saúde pública, enquanto o Governante pode apoiar iniciativas de liderança educacional.

Implementar o uso de arquétipos é um processo que requer reflexão, análise e ação estratégica. Ao seguir estas etapas, você pode criar uma marca que não apenas ressoa profundamente com seu público-alvo, mas que também se destaca em um mercado competitivo.

Vantagens Competitivas do Uso dos Arquétipos

O uso estratégico de arquétipos no marketing e na construção de marca não é apenas uma ferramenta poderosa para definir a identidade de uma empresa, mas também oferece várias vantagens competitivas que podem diferenciar sua marca em um mercado saturado. Neste capítulo, vamos explorar como os arquétipos conferem vantagens competitivas, usando exemplos práticos de marcas que dominam seus segmentos graças à aplicação inteligente desses modelos universais de comportamento e personalidade.

1. Conexão Emocional Profunda com os Consumidores

Uma das principais vantagens competitivas do uso de arquétipos é a capacidade de criar uma conexão emocional forte e duradoura com os consumidores. Os arquétipos são padrões universais de comportamento que ressoam no inconsciente coletivo, o que significa que eles tocam nas emoções mais profundas dos consumidores.

Exemplo: Dove (Arquétipo do Inocente e Prestativo)
A Dove utiliza os arquétipos do Inocente e do Prestativo para construir sua marca como uma defensora da beleza real e da autoestima. As campanhas da Dove, como a famosa "Real Beauty",

conectam-se emocionalmente com mulheres de todas as idades, celebrando a diversidade e a aceitação. Essa conexão emocional tem sido crucial para diferenciar a Dove em um mercado de cuidados pessoais saturado, onde a confiança e a autenticidade são fundamentais.

2. Diferenciação Clara no Mercado

Em um mercado onde muitos produtos e serviços são semelhantes, os arquétipos ajudam as marcas a se destacarem ao proporcionar uma identidade clara e distinta. Ao adotar um arquétipo específico, uma marca pode se posicionar de maneira única, diferenciando-se dos concorrentes.

Exemplo: Harley-Davidson (Arquétipo do Fora da Lei)

Harley-Davidson utiliza o arquétipo do Fora da Lei para se posicionar como a marca de motocicletas que representa liberdade e rebeldia. Enquanto outras marcas podem focar em desempenho ou eficiência, a Harley-Davidson se diferencia ao vender um estilo de vida associado à independência e à quebra de regras. Isso a torna a escolha natural para consumidores que se identificam com esses valores, garantindo uma posição distinta no mercado.

3. Consistência na Comunicação de Marca

Os arquétipos fornecem um guia claro para a comunicação de marca, assegurando que todas as mensagens, visuais e interações sejam coerentes e alinhadas com a identidade da marca. Essa consistência não só reforça a identidade da marca, mas também aumenta a confiança dos consumidores.

Exemplo: Apple (Arquétipo do Mago)

Apple exemplifica o uso do arquétipo do Mago para manter uma comunicação de marca consistente que gira em torno de inovação, transformação e criação de experiências mágicas. Desde o design de produtos até suas campanhas publicitárias, a Apple constantemente comunica a ideia de que seus produtos têm o poder de transformar a vida das pessoas. Essa consistência ajuda a fortalecer a posição da Apple como líder em inovação tecnológica.

4. Fidelização de Clientes

Marcas que utilizam arquétipos para criar uma identidade forte e emocionalmente ressonante tendem a cultivar um maior grau de lealdade entre seus clientes. Quando os consumidores se identificam profundamente com os valores e a história de uma marca, eles são mais propensos a permanecer fiéis, mesmo diante de ofertas concorrentes.

Exemplo: Nike (Arquétipo do Herói)

Nike utiliza o arquétipo do Herói para inspirar seus clientes a superarem desafios e atingirem seus objetivos pessoais. A marca se conecta com os consumidores ao posicionar seus produtos como ferramentas para alcançar grandeza, seja no esporte ou na vida. Essa narrativa de superação e vitória tem gerado uma legião de consumidores leais que continuam a escolher a Nike por causa da profunda identificação emocional que têm com a marca.

5. Relevância Cultural e Adaptação Global

Arquétipos são universais e transcendem barreiras culturais, o que torna as marcas que os utilizam mais adaptáveis e relevantes em diferentes mercados ao redor do mundo. Isso é particularmente importante para marcas que buscam expandir sua presença global.

Exemplo: Coca-Cola (Arquétipo do Inocente)

A Coca-Cola utiliza o arquétipo do Inocente para se posicionar como uma marca que celebra a simplicidade, a felicidade e a união. Esse arquétipo é facilmente adaptável a diferentes culturas, o que permite que a Coca-Cola mantenha sua relevância global ao longo das décadas. Campanhas como as de Natal da Coca-Cola, que evocam sentimentos de alegria e tradição, ressoam em diversos mercados ao redor do mundo, reforçando a posição da marca como um ícone cultural global.

6. Criação de Legado e Memorização

Marcas que utilizam arquétipos de maneira eficaz não apenas criam uma identidade forte, mas também constroem um legado duradouro que é lembrado por gerações. Os arquétipos ajudam as marcas a contar histórias que se fixam na memória coletiva, garantindo que elas sejam lembradas e celebradas ao longo do tempo.

Exemplo: LEGO (Arquétipo do Criador)
LEGO se posiciona como o arquétipo do Criador, incentivando a criatividade e a inovação através de seus produtos. Ao longo das décadas, a LEGO construiu um legado de marca que é associado à imaginação e à construção de ideias. Os blocos de construção da LEGO não são apenas brinquedos; são ferramentas para a expressão criativa. Esse legado garante que a LEGO seja lembrada e passada de geração em geração como uma marca que inspira o Criador dentro de cada um de nós.

O uso de arquétipos no marketing oferece uma série de vantagens competitivas que podem transformar a maneira como uma marca é percebida e como ela se conecta com seus consumidores. Desde a criação de uma conexão emocional profunda até a construção de um legado duradouro, os arquétipos ajudam as marcas a se destacarem em mercados cada vez mais competitivos.

Ao adotar um arquétipo que ressoe com a essência da sua marca e aplicá-lo de forma consistente em todas as suas comunicações e interações, você pode não apenas diferenciar sua marca, mas também construir uma base sólida de consumidores leais. A chave é identificar o arquétipo que melhor representa sua marca e integrá-lo estrategicamente em todas as facetas do seu marketing. Com essa abordagem, você estará bem posicionado para colher os benefícios de uma marca que não é apenas conhecida, mas também amada e lembrada.

Aspectos Éticos

Abordar o uso de arquétipos de forma ética, especialmente levando em consideração os princípios de ESG (Environmental, Social, and Governance) globais, é essencial para garantir que as práticas de marketing respeitem tanto os consumidores quanto a sociedade como um todo. Arquétipos têm um grande poder psicológico porque tocam nas emoções e nas identidades profundas das pessoas, moldando a forma como elas percebem e interagem com as marcas. Para que esse poder seja utilizado de maneira responsável, é importante que as empresas sigam diretrizes que respeitem a integridade dos consumidores e promovam impactos positivos na sociedade e no meio ambiente.

Aqui estão alguns pontos importantes sobre como abordar o uso ético de arquétipos sem ferir os princípios ESG globais:

1. Transparência e Autenticidade

Os arquétipos devem ser usados de maneira autêntica, refletindo os verdadeiros valores e missão da empresa. Manipular emoções de forma enganosa, apenas para gerar vendas, pode criar uma desconexão entre a percepção do consumidor e a realidade da marca. A autenticidade gera confiança, que é a base para relacionamentos duradouros e para uma marca sustentável.

Portanto, é crucial que o uso de arquétipos no marketing seja transparente, sem promessas ou representações falsas.

Como aplicar:
Se a sua marca utiliza o arquétipo do Prestativo, por exemplo, ela deve genuinamente oferecer suporte e benefícios ao consumidor, em vez de apenas simular empatia. Uma empresa que abraça o arquétipo do Amante deve promover o bem-estar e a beleza sem explorar inseguranças.

2. Responsabilidade Social

Os arquétipos podem ser usados para inspirar comportamentos positivos e mudanças sociais, mas as marcas devem evitar explorar vulnerabilidades ou reforçar estereótipos nocivos. O marketing, quando bem feito, pode promover a inclusão, igualdade e a responsabilidade social. Assim, utilizar arquétipos de maneira responsável significa respeitar a diversidade cultural, de gênero e de classe, evitando perpetuar preconceitos ou marginalizar grupos.

Como aplicar:
Campanhas que utilizam o arquétipo do Cara Comum podem se concentrar na inclusão e na acessibilidade, garantindo que todos, independentemente de sua origem, se sintam parte da narrativa da marca. O arquétipo do Governante, por exemplo, pode ser utilizado

para promover liderança ética e responsabilidade, em vez de exclusividade e elitismo.

3. Impacto Ambiental

O uso de arquétipos no marketing deve estar alinhado com práticas que respeitam o meio ambiente. Se uma empresa promove valores que envolvem conexão com a natureza (como o arquétipo do Explorador), suas práticas de negócio devem refletir um compromisso genuíno com a sustentabilidade. Isso inclui a adoção de práticas que minimizam o impacto ambiental, promovem a economia circular e utilizam recursos de forma responsável.

Como aplicar:
Se uma marca utiliza o arquétipo do Explorador e faz campanhas que incentivam a exploração de novos territórios e aventuras, ela também deve apoiar práticas sustentáveis, como o turismo responsável ou a fabricação de produtos ecológicos. Da mesma forma, marcas que adotam o arquétipo do Inocente devem garantir que suas ações e práticas estejam alinhadas com a preservação do meio ambiente, reforçando uma narrativa de pureza e harmonia com o planeta.

4. Bem-estar Psicológico e Emocional

O poder psicológico dos arquétipos deve ser utilizado para promover o bem-estar dos consumidores, em vez de explorar suas fraquezas ou induzir comportamentos prejudiciais. As campanhas de marketing que exploram o medo, a insegurança ou a culpa dos consumidores podem ter efeitos negativos na saúde mental das pessoas. Por isso, o uso de arquétipos precisa estar centrado em promover autoestima, confiança e crescimento pessoal.

Como aplicar:
O arquétipo do Herói pode inspirar as pessoas a superar desafios de maneira saudável e realista, em vez de impor expectativas inatingíveis. Campanhas que utilizam o arquétipo do Amante podem promover aceitação corporal e bem-estar, em vez de reforçar padrões de beleza inatingíveis e potencialmente prejudiciais à autoestima.

5. Governança Ética e Responsável

A governança ética é um dos pilares do ESG e deve ser refletida em todas as decisões estratégicas da empresa, incluindo as práticas de marketing. O uso de arquétipos deve estar alinhado com um código de ética que promova a transparência, a responsabilidade corporativa e o respeito aos consumidores. Isso inclui o compromisso de tratar os dados dos consumidores com segurança e respeitar sua privacidade, bem como garantir que todas as campanhas estejam em conformidade com as normas de marketing responsável.

Como aplicar:

Uma marca que adota o arquétipo do Governante pode liderar pelo exemplo, promovendo não apenas inovação e liderança, mas também práticas de governança que respeitam os direitos dos consumidores e seguem padrões elevados de transparência e ética. Da mesma forma, uma marca que se alinha ao arquétipo do Prestativo deve refletir seus valores em suas políticas internas, garantindo práticas justas e transparentes em todas as esferas do negócio.

6. Alinhamento com os Objetivos de Desenvolvime124nto Sustentável (ODS)

Para que o uso de arquétipos seja verdadeiramente ético e sustentável, ele deve estar alinhado com os Objetivos de Desenvolvimento Sustentável (ODS) das Nações Unidas, como promover a igualdade de gênero, reduzir as desigualdades e combater as mudanças climáticas. As campanhas que se baseiam em arquétipos têm o poder de influenciar as percepções e comportamentos de grandes públicos, e, por isso, é fundamental que elas também incentivem práticas e comportamentos que contribuam para um mundo mais justo e sustentável.

Como aplicar:

Marcas que utilizam arquétipos como o Prestativo ou o Criador podem apoiar causas sociais e ambientais que estão de acordo com os ODS, promovendo a inclusão social, a inovação sustentável ou a igualdade de oportunidades.

O uso de arquétipos no marketing tem um enorme poder de influenciar as emoções, comportamentos e percepções dos consumidores. No entanto, com esse poder vem a responsabilidade. Ao aplicar arquétipos de maneira ética, as empresas podem não apenas fortalecer suas marcas, mas também contribuir para um impacto positivo na sociedade e no meio ambiente. Seguindo os princípios ESG, é possível usar arquétipos para criar campanhas que sejam autênticas, respeitosas e responsáveis — construindo marcas que não apenas conquistam o mercado, mas também fazem a diferença no mundo.

A História do Uso dos Arquétipos no Brasil

O Brasil tem uma rica história no campo do marketing e da publicidade, marcada pela criatividade e inovação. Dentro desse contexto, o uso de arquétipos se consolidou como uma ferramenta essencial para a construção de marcas fortes e emocionalmente ressonantes. Alguns dos profissionais mais influentes na aplicação e disseminação dos arquétipos no Brasil são Clotilde Perez, Washington Olivetto e Nizan Guanaes. Cada um, à sua maneira, contribuiu para moldar o quadro atual do marketing brasileiro, utilizando arquétipos para conectar marcas ao público de forma profunda e duradoura. Neste capítulo, exploraremos a importância desses profissionais e como suas abordagens com arquétipos impactaram a publicidade e o marketing no Brasil.

Clotilde Perez: Pioneira no Estudo dos Arquétipos no Brasil

Clotilde Perez é uma referência acadêmica no estudo dos arquétipos e sua aplicação no marketing e na publicidade no Brasil. Professora titular da Escola de Comunicações e Artes da Universidade de São Paulo (ECA-USP), Perez tem se dedicado ao estudo da semiótica e à aplicação de arquétipos na construção de marcas. Sua obra é fundamental para entender como as empresas brasileiras podem utilizar arquétipos para criar uma identidade de marca que ressoe com o público de maneira significativa.

Clotilde Perez trouxe uma visão estruturada sobre o uso de arquétipos no Brasil, integrando a teoria junguiana com as necessidades práticas do marketing moderno. Em seus estudos, ela analisa como os arquétipos são usados para construir narrativas de marca que não apenas atraem, mas também mantêm a lealdade dos consumidores. Seu trabalho destaca como os arquétipos podem ser aplicados para diferenciar marcas em mercados saturados, especialmente em um país tão culturalmente diverso como o Brasil.

A obra de Clotilde Perez influenciou uma geração de profissionais de marketing e publicidade no Brasil, ajudando-os a entender a importância dos arquétipos na construção de marcas. Sua abordagem acadêmica fornece uma base sólida para a aplicação prática, permitindo que as marcas brasileiras desenvolvam estratégias de marketing mais coerentes e eficazes. Além disso, sua pesquisa sobre a relação entre os arquétipos e a identidade cultural brasileira ajudou as empresas a criar campanhas que ressoam profundamente com o público local.

Washington Olivetto: O Gênio da Propaganda e os Arquétipos na Publicidade

Washington Olivetto é uma lenda viva da publicidade brasileira, conhecido por sua capacidade única de criar campanhas que marcam época e se tornam parte da cultura popular. Com uma carreira que inclui a criação de algumas das campanhas publicitárias mais icônicas do Brasil, Olivetto soube, intuitivamente, aplicar arquétipos para criar mensagens poderosas e emocionalmente ressonantes.

Olivetto é conhecido por seu talento em transformar conceitos abstratos em campanhas de grande impacto. Ele usou arquétipos para personificar marcas e dar vida a conceitos que capturam a imaginação do público. Um exemplo marcante é a criação do personagem "Garoto Bombril", que personifica o arquétipo do Cara Comum — alguém prático, acessível e que entende as necessidades do consumidor. Esse personagem não só ajudou a solidificar a marca Bombril como líder de mercado, mas também criou uma conexão emocional duradoura com os consumidores brasileiros.

A capacidade de Olivetto de utilizar arquétipos para criar campanhas que se conectam profundamente com o público ajudou a redefinir a publicidade no Brasil. Ele demonstrou que, ao entender e aplicar arquétipos, é possível criar campanhas que não apenas vendem produtos, mas também constroem marcas icônicas. Sua abordagem criativa influenciou gerações de publicitários e continua a ser um modelo de como usar arquétipos para criar mensagens que ressoam no coração dos consumidores.

Nizan Guanaes: A Estratégia dos Arquétipos e a Globalização das Marcas Brasileiras

Nizan Guanaes é outro nome de peso no marketing e na publicidade brasileira, conhecido por sua visão estratégica e por ajudar a globalizar marcas brasileiras. Co-fundador do Grupo ABC, um dos maiores conglomerados de comunicação da América Latina, Guanaes tem uma abordagem única para o uso de arquétipos, combinando criatividade com uma visão de negócios afiada.

Guanaes é um mestre em identificar e aplicar arquétipos para construir marcas que transcendem as fronteiras nacionais. Um exemplo notável é a campanha "É o Amor" para a empresa de telefonia Vivo. Nessa campanha, Guanaes utilizou o arquétipo do Amante para criar uma narrativa emocional poderosa que se conectou profundamente com o público. A campanha não só promoveu a marca, mas também reforçou o valor das conexões humanas, alinhando a Vivo com a ideia de que a tecnologia pode aproximar as pessoas de forma significativa.

O impacto de Guanaes no mercado vai além do Brasil. Sua habilidade em utilizar arquétipos para criar campanhas que ressoam tanto local quanto globalmente ajudou a expandir o alcance de marcas brasileiras no exterior. Ele mostrou que, ao aplicar arquétipos de maneira estratégica, as marcas podem não apenas crescer em seus mercados domésticos, mas também conquistar novos mercados internacionais, levando a publicidade brasileira a um novo patamar de reconhecimento global.

A Importância dos Arquétipos na Publicidade Brasileira

Os trabalhos de Clotilde Perez, Washington Olivetto e Nizan Guanaes exemplificam como o uso de arquétipos no marketing pode transformar a maneira como as marcas se conectam com seus consumidores. No Brasil, um país de grande diversidade cultural e social, os arquétipos oferecem uma maneira poderosa de criar campanhas que falam diretamente aos corações e mentes das pessoas.

O uso estratégico de arquétipos ajudou a criar algumas das marcas mais icônicas do Brasil. Desde o Garoto Bombril, que ressoa com o arquétipo do Cara Comum, até a Vivo, que utiliza o arquétipo do Amante, as marcas brasileiras se destacaram ao se alinharem com arquétipos que capturam a essência da cultura brasileira.

Os arquétipos permitem que as marcas criem campanhas que ressoam profundamente com as especificidades culturais do Brasil. Clotilde Perez, em particular, destacou como a aplicação correta dos arquétipos pode ajudar as marcas a navegar pelas complexidades culturais do país, criando mensagens que são relevantes e significativas para o público brasileiro.

A abordagem de Nizan Guanaes demonstra como os arquétipos também podem ser utilizados para expandir marcas brasileiras globalmente. Ao identificar arquétipos universais que ressoam em diferentes culturas, Guanaes ajudou marcas brasileiras a se posicionarem como líderes globais, mostrando que o marketing brasileiro pode competir em igualdade de condições com as melhores campanhas internacionais.

A história do uso dos arquétipos no marketing brasileiro é rica e diversa, marcada pela contribuição de profissionais como Clotilde Perez, Washington Olivetto e Nizan Guanaes. Cada um, à sua maneira, utilizou arquétipos para criar campanhas que não apenas venderam produtos, mas também construíram marcas que se tornaram parte da cultura popular brasileira.

As lições desses pioneiros mostram que o uso estratégico de arquétipos pode ser uma poderosa vantagem competitiva, ajudando as marcas a se destacarem em um mercado saturado e a se conectarem profundamente com seus consumidores. Ao aplicar essas lições em sua própria empresa, você pode criar campanhas que não apenas ressoam com o público, mas que também deixam um legado duradouro no mercado.

E agora ?

Imagine que você está em um café aconchegante numa tarde chuvosa, com uma xícara de café fumegante à sua frente. Na mesa ao lado, há um grupo de amigos em uma conversa animada, trocando ideias e histórias. Um deles, empolgado, menciona como encontrou o segredo para fazer sua pequena empresa se destacar em meio à concorrência: "Descobri que minha marca é um verdadeiro Herói! E isso mudou tudo."

É nesse cenário que me imagino agora, encerrando esta jornada que fizemos juntos sobre o poder dos arquétipos no marketing. Ao longo dos capítulos, conversamos sobre como arquétipos podem transformar uma marca comum em uma marca icônica, aquela que não apenas oferece produtos ou serviços, mas que também deixa uma marca na mente e no coração dos consumidores.

Você se lembra de quando falamos sobre a Nike e seu relacionamento épico com Michael Jordan? É como se a Nike tivesse encontrado seu super-herói pessoal, um verdadeiro Herói que lutou nas quadras e inspirou milhões fora delas. Ou quem pode esquecer da Coca-Cola, que não só nos refresca, mas também trouxe o Papai Noel para a sala de estar, criando memórias natalinas que nos acompanham até hoje?

Essas histórias nos mostram que as marcas não são apenas logotipos e slogans; elas são personagens em uma narrativa maior. Cada uma tem sua própria personalidade, seus valores e, claro, seu arquétipo. E é aí que reside o verdadeiro segredo: entender qual arquétipo melhor representa sua marca pode ser o diferencial que a transforma em uma lenda viva.

Mas como toda boa história, o fim é apenas um novo começo. Agora que você sabe como identificar e aplicar os arquétipos na sua marca, o próximo capítulo — aquele que você escreverá com seu time — é colocar tudo isso em prática. Pense no seu negócio como uma história sendo escrita, onde cada decisão, cada campanha e cada interação com o cliente é uma nova página adicionada a esse livro. E lembre-se: você é o autor dessa história.

Se sua marca é um Herói, não tenha medo de enfrentar os desafios de frente e inspirar seus clientes a fazerem o mesmo. Se é um Explorador, que tal levá-los em uma jornada por novos caminhos? Ou talvez sua marca seja o Amante, e sua missão é encantar e seduzir a cada toque, a cada olhar.

O importante é que agora, com os arquétipos em mãos, você tem a chave para desbloquear uma nova dimensão do marketing. Uma dimensão onde as marcas são mais do que simples empresas —

elas são ícones culturais, personagens que vivem no imaginário coletivo e, o mais importante, na memória afetiva das pessoas.

Então, enquanto você saboreia o último gole do seu café, imagine como será emocionante ver sua marca se transformar, conquistar espaço e, quem sabe, tornar-se aquela que todos lembram e admiram. Porque, no final das contas, o marketing não é sobre o que você vende, mas sobre as histórias que você conta.

Agora, é com você. Pegue essa caneta metafórica e comece a escrever a próxima grande história de sua marca. Afinal, cada página em branco é uma nova oportunidade de criar algo memorável.

www.ingramcontent.com/pod-product-compliance
Lightning Source LLC
Chambersburg PA
CBHW050309230526
45471CB00005B/2095